Afef Mdhaffar

Aprendizagem automática incorporada

Afef Mdhaffar

Aprendizagem automática incorporada

ScienciaScripts

Imprint

Cover image: www.ingimage.com

This book is a translation from the original published under ISBN 978-620-6-70663-2.

Publisher:
Sciencia Scripts
is a trademark of
Dodo Books Indian Ocean Ltd. and OmniScriptum S.R.L publishing group

120 High Road, East Finchley, London, N2 9ED, United Kingdom
Str. Armeneasca 28/1, office 1, Chisinau MD-2012, Republic of Moldova, Europe
Printed at: see last page
ISBN: 978-620-8-15868-2

Conteúdo

Descrição do documento

Este livro contém o material didático e tutoriais parciais (i.e., implementações Python) para o módulo "Embedded Automatic Learning", leccionado aos alunos do programa de mestrado "Embedded Systems" na Ecole Nationale d'Ingenieurs de Sfax (ENIS), Tunísia.

Este livro representa, assim, um primeiro passo para a aprendizagem profunda incorporada. Apresenta técnicas de otimização e compressão de modelos de aprendizagem profunda. Estas técnicas facilitam a implementação eficiente de um modelo de aprendizagem profunda leve e de elevado desempenho em dispositivos com recursos limitados, como smartphones e microcontroladores.

Este documento também explora uma técnica atual de transferência de conhecimentos, nomeadamente a destilação de conhecimentos. Esta técnica permite melhorar o desempenho de um modelo de aprendizagem profunda ligeiro, transferindo-lhe simultaneamente os conhecimentos de um modelo de aprendizagem profunda complexo e de elevado desempenho.

Todas estas técnicas são detalhadas neste livro e ilustradas por implementações práticas em Python, geralmente baseadas na utilização das bibliotecas pytorch e tensorflow.

Este livro é composto por seis capítulos. O primeiro capítulo é uma introdução ao tema da aprendizagem automática incorporada. Esta introdução conduz a dois capítulos introdutórios, que tratam dos dois pilares da aprendizagem automática integrada: (1) aprendizagem automática e (2) objectos ligados. Os capítulos 2 e 3 apresentam estes dois conceitos-chave. O capítulo 4 centra-se em técnicas de otimização e compressão que podem ser aplicadas a modelos de aprendizagem profunda, como a poda e a quantização. O quinto capítulo centra-se na técnica de destilação de conhecimentos. Por fim, este livro é encerrado com uma conclusão e algumas referências bibliográficas que foram utilizadas para a elaboração deste documento.

Capítulo 1

Introdução Gerar

1.1 Contexto

[O aparecimento da aprendizagem automática marcou uma revolução na análise de dados, na extração de conhecimentos e na tomada de decisões complexas. As técnicas de aprendizagem automática são agora utilizadas em muitas áreas da vida real, como a medicina, a agricultura e o sector automóvel [. Estas soluções exigem geralmente a formação e a utilização de máquinas de elevado desempenho.

Este desenvolvimento da aprendizagem automática foi associado [ao aparecimento de objectos conectados. Vivemos atualmente num mundo conectado em que a [Internet das coisas se tornou a [Internet do século. Todos os dias, estes objectos conectados fornecem um enorme volume de dados, incluindo [informações e conhecimentos úteis. Este conhecimento pode ser facilmente extraído utilizando técnicas de aprendizagem, como a aprendizagem profunda e a aprendizagem por reforço. No entanto, estes dados continuam a ser delicados, uma vez que dão uma visão global e pormenorizada das pessoas e dos seus bens sob vigilância. Por exemplo, os dados recolhidos por sensores médicos ligados são geralmente bastante sensíveis. Por conseguinte, não é aceitável enviar estes dados a servidores de terceiros para serem tratados por soluções baseadas em técnicas de aprendizagem automática. Por conseguinte, é essencial encontrar os meios necessários para adaptar o desempenho exigido pelas técnicas de aprendizagem aos sensores ligados, como os equipamentos ["Edge"].

1.2 Motivação

Dado que estes sensores ligados são dispositivos leves que não têm o desempenho necessário para executar técnicas de aprendizagem, os investigadores trabalharam na compressão e [otimização de soluções baseadas em

O objetivo deste projeto é desenvolver uma nova abordagem à aprendizagem automática e à aprendizagem profunda, de modo a que as técnicas de aprendizagem profunda possam ser incorporadas em dispositivos leves, como smartphones, Raspberry Pi e placas Arduino. Daí o nascimento de uma nova linha de investigação designada "Embedded Automatic Learning".

1.3 Objetivo deste livro

Este livro tem como objetivo detalhar o processo de compressão e otimização de modelos de aprendizagem profunda. Detalha (I) técnicas de compressao, como a quantização e a poda, e (ii) técnicas de transferência de conhecimento, como a destilação de conhecimento.

1.4 Estrutura do presente documento

O resto do presente documento está dividido em 5 capítulos. Os dois primeiros capítulos introduzem dois conceitos-chave relacionados com a aprendizagem automática incorporada, nomeadamente a aprendizagem automática e a Internet das Coisas. O quarto capítulo descreve as técnicas de compressão e otimização que podem ser utilizadas para reduzir o tamanho dos modelos de aprendizagem profunda. Este capítulo centra-se na técnica de quantização e na técnica de poda. O quinto capítulo explora a técnica de destilação de conhecimento. Esta técnica é considerada uma técnica actualizada no domínio da transferência de conhecimentos.

Capítulo 2

Introdução à aprendizagem automática

2.1 Introdução

Este capítulo introduz o tema da aprendizagem automática. Começa com uma definição e uma visão geral da sua história. De seguida, detalhamos os fundamentos teóricos da aprendizagem automática. Em seguida, enumeramos os domínios de aplicação da aprendizagem automática. Este capítulo termina com uma conclusão.

2.2 Definição e antecedentes

Esta secção apresenta uma definição de aprendizagem automática e descreve o seu contexto histórico.

2.2.1 Definição

A aprendizagem automática, também conhecida como aprendizagem automática, é uma parte essencial da inteligência artificial. Permite extrair conhecimentos úteis dos dados utilizados para a aprendizagem. É uma abordagem baseada em aprender com os dados e a experiência para desenvolver sistemas informáticos inteligentes, sem ter de os programar explicitamente.

2.2.2 Antecedentes históricos

O conceito de aprendizagem automática não é novo. Baseada na matemática e na estatística, a primeira RNA viu a luz do dia em 1943. Pouco tempo depois, os investigadores começaram a utilizar o termo "inteligência artificial". E, a partir daí, os cientistas informáticos criaram os vários blocos de construção da inteligência artificial. No entanto, estes avanços só se tornaram realidade após o aparecimento de máquinas de elevado desempenho e a disponibilidade de dados suficientes para a aprendizagem. A aprendizagem automática tornou-se bastante popular desde o aparecimento da aprendizagem profunda e da Internet das Coisas. O aumento do número de objectos ligados significa que é gerado um grande volume de dados todos os dias. Estes dados são utilizados para a aprendizagem e, consequentemente, demonstraram o potencial da inteligência artificial e das técnicas de aprendizagem automática para analisar dados e extrair conhecimentos relevantes.

2.3 Fundamentos teóricos

A aprendizagem automática baseia-se em princípios teóricos fundamentais que constituem a base do seu funcionamento. Esta secção apresenta uma visão geral destes conceitos básicos. Em primeiro lugar, apresentamos uma panorâmica dos tipos de aprendizagem mais comuns. De seguida, explicamos o processo de aprendizagem e damos uma visão geral de algumas das técnicas utilizadas na aprendizagem automática. De seguida, centramo-nos nos dados e modelos que constituem o núcleo do modelo de aprendizagem automática.

2.3.1 Tipos de aprendizagem

Existem três tipos principais de aprendizagem: (i) aprendizagem supervisionada, (ii) aprendizagem não supervisionada e (iii) aprendizagem por reforço. Estes tipos são descritos a seguir.

— **A aprendizagem supervisionada** baseia-se na utilização de dados rotulados. O objetivo é ensinar um modelo num conjunto de dados anotados. Desta forma, uma resposta conhecida antecipadamente é associada a cada exemplo de dados. Isto permite que o modelo seja aprendido a partir destas correspondências rotuladas. Este tipo de aprendizagem é muito semelhante à aprendizagem humana, em que uma criança aprende a falar com a sua mãe ou um aluno aprende com o seu professor.

— Ao contrário da aprendizagem supervisionada, os modelos **de aprendizagem não supervisionada** baseiam-se em dados não rotulados. Desta forma, este modo de aprendizagem é concebido para descobrir as diferentes representações dos dados, sem conhecer as respostas antecipadamente.

— **A Aprendizagem por Reforço** (AR) permite a um agente tomar decisões (ou seja, lançar acções adequadas) com base nas suas interações com um ambiente, que define o problema a resolver. Dependendo das acções tomadas pelo agente, este recebe bónus ou penalizações. Esta estratégia permite que o agente aprenda a maximizar os seus bónus ao longo do tempo, aprendendo assim a tomar as acções adequadas.

2.3.2 Técnicas de aprendizagem automática

A aprendizagem automática baseia-se numa variedade de técnicas e abordagens. Esta secção apresenta uma panorâmica das abordagens de aprendizagem automática mais conhecidas, nomeadamente as redes neuronais, os métodos de conjunto, as árvores de decisão e os algoritmos de vectores de apoio (SVM).

As redes neuronais são atualmente a abordagem mais utilizada, sobretudo porque constituem a base da aprendizagem automática profunda. A ideia subjacente às redes neuronais é inspirada na estrutura do cérebro humano. Uma rede neuronal é composta por várias camadas interligadas. Cada camada é composta por vários neurónios. Esta estrutura permite aprender representações complexas.

Os métodos de conjunto envolvem a combinação das previsões de vários modelos para melhorar o desempenho do sistema. Existem vários exemplos de métodos de conjunto, como o boosting, a agregação bootstrap, a votação e o empilhamento. Os métodos de conjunto estão fora do âmbito deste livro, pelo que não serão abordados em pormenor.

Os algoritmos de vectores de suporte (SVM) são geralmente utilizados para resolver problemas de classificação e regressão. No caso de um problema de classificação, o objetivo é encontrar um hiperplano que separe as diferentes classes. No caso de um problema de regressão, o SVM procura um hiperplano que minimize o erro de previsão, tolerando um determinado epsilon de erro, em torno dos pontos de dados.

As árvores de decisão são geralmente utilizadas para resolver problemas de classificação e de tomada de decisões. Uma árvore é constituída por nós, ramos e folhas. Um nó representa uma decisão baseada numa determinada caraterística. Um ramo, que vai de um nó a outro, representa os diferentes valores possíveis da caraterística em consideração. Finalmente, as folhas representam as decisões finais. A principal vantagem da utilização de árvores de decisão reside na sua capacidade de interpretação. Esta estrutura facilita a interpretação dos resultados obtidos.

No resto deste livro, concentrar-nos-emos apenas nas redes neuronais.

2.3.3 O processo de aprendizagem

O processo de aprendizagem envolve duas fases principais. Em primeiro lugar, os dados devem ser recolhidos e preparados. Em segundo lugar, o modelo deve ser definido para que possa ser aprendido a partir dos dados já preparados. O sucesso da primeira fase é crucial para obter um modelo corretamente aprendido. De facto, o desempenho do modelo depende muito dos dados de treino. A preparação dos dados consiste essencialmente em limpar e transformar os dados num formato adequado que possa ser considerado como entrada para o modelo. O modelo é criado para ser treinado com os dados pré-preparados, ajustando os seus hiper-parâmetros e tentando minimizar a função de perda. Os hiper-parâmetros são parâmetros externos ao modelo, que influenciam o processo de aprendizagem. No entanto, os seus valores não podem ser aprendidos a partir dos dados de treino. Estes parâmetros são definidos antes do início do treino e podem ser ajustados pelo programador à medida que o treino progride, para otimizar o desempenho do modelo. Os hiperparâmetros podem incluir factores como o número de épocas, a arquitetura do modelo (ou seja, o número e a natureza das camadas), a taxa de aprendizagem, a dimensão do lote e a regularização (n, L2).

A função de perda mede a diferença entre as previsões do modelo e os rótulos da verdade terrestre. O nosso principal objetivo é minimizar esta função de perda na fase de aprendizagem. Isto leva-nos a previsões mais realistas.

2.3.4 Dados e modelos

A aprendizagem automática baseia-se principalmente em dados. Os dados desempenham um papel crucial na aprendizagem de modelos. Um modelo de aprendizagem automática pode ser visto como uma representação matemática/algorítmica aprendida a partir de dados. O formato dos dados pode ser variado. É possível processar imagens, vídeos, sequências de áudio e séries cronológicas. O volume e a qualidade dos dados têm inevitavelmente um impacto no desempenho dos modelos. De facto, um modelo é melhor aprendido num conjunto de dados bastante representativo, com uma quantidade suficiente, induzindo uma grande variedade de casos. Desta forma, um modelo de aprendizagem automática pode resolver vários problemas, como a classificação de imagens, a previsão em séries temporais e a recomendação de hotéis. Um modelo é o resultado do treino de uma rede neuronal, como mostra a Figura 2.1.

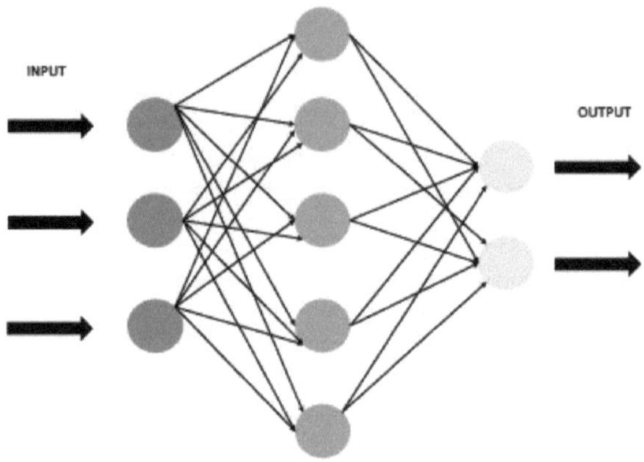

FIGURA 2.1 - Rede neural

Uma rede neural é geralmente caracterizada por um certo número de parâmetros que serão aprendidos durante a fase de treino. Estes parâmetros incluem:

— Pesos: Cada ligação (ou seja, ilustrada por setas na Figura 2.1) entre neurónios (ou seja, ilustrada por círculos na Figura 2.1) num modelo tem um peso associado. Estes pesos são aprendidos e ajustados durante a fase de aprendizagem, permitindo que o modelo aprenda corretamente as relações entre os dados, através de representações matemáticas.

— Biases: São termos constantes adicionados à entrada ponderada de um neurónio. São aprendidos durante a fase de treino. Os enviesamentos conferem uma certa fiabilidade ao modelo, permitindo-lhe deslocar a função de ativação. A função de ativação introduz alguma não-linearidade no modelo, permitindo-lhe aprender padrões complexos. Em suma, o papel da função de ativação é decidir se um neurónio deve ser ligado ou desligado. Existem várias funções de ativação, como a função sigmoide, a função ReLU e a função Softmax.

— Coeficientes da função de ativação: Dependendo do caso, é possível escolher uma função de ativação entre as listadas. Por exemplo, se o nosso modelo utilizar a função de ativação ReLU, é necessário especificar alguns parâmetros, como o coeficiente de declive para a ReLU.

— Parâmetros de normalização: Estes parâmetros podem incluir parâmetros de normalização de lotes. Estes podem ser utilizados para acelerar a aprendizagem e otimizar a estabilidade do modelo.

2.3.5 Métodos de avaliação e métricas

A desvalorização das soluções de aprendizagem automática é uma etapa essencial para a criação de modelos fiáveis e eficazes. Esta avaliação é geralmente efectuada através de várias abordagens. Estas abordagens são enumeradas a seguir.

— Cálculo e análise de métricas de desempenho, tais como Precisão, Recuperação, Medida-Fi, Matriz de Confusão e curvas ROC.

— Validação cruzada como na validação cruzada K-fold

— Monitorização da fase de aprendizagem através da visualização das curvas de aprendizagem e das curvas da função de perda

— Testes de significância estatística, como o teste T-student

É sempre essencial comparar o desempenho da solução com as soluções existentes e concorrentes.

2.4 Aplicações

A aprendizagem automática tem sido aplicada em "quase" todos os domínios da vida real. Por exemplo, a aprendizagem profunda tem sido utilizada com sucesso na deteção e previsão de ataques epilépticos. Além disso, notamos a utilização de modelos generativos profundos como GAN (Generative Adversrial Network) e difusão na geração de dados médicos (por exemplo, ECG, EEG, ... etc.). Além disso, as abordagens de aprendizagem por reforço têm sido utilizadas (i) na seleção dos melhores tratamentos em medicina personalizada, (ii) no comércio e (iii) na agricultura inteligente.

2.5 Conclusão

Este capítulo introduziu o tema da aprendizagem automática. Centrou-se nos seus conceitos fundamentais e detalhou as informações-chave que serão essenciais para a compreensão e assimilação dos capítulos seguintes.

Capítulo 3

A emergência de objectos conectados

3.1 Introdução

A emergência da aprendizagem automática incorporada está intimamente ligada ao desenvolvimento de objectos conectados na era da Internet das Coisas (IoT). Estes objectos geram um grande volume de dados a cada segundo, incentivando os investigadores a desenvolver soluções baseadas na aprendizagem e na aprendizagem profunda. No entanto, estes objectos conectados recolhem geralmente dados sensíveis que devem ser protegidos para garantir a privacidade dos seus utilizadores. É por esta razão que surgiu a aprendizagem automática incorporada. Assim, continua a ser necessário encontrar técnicas e abordagens para poder implantar estas soluções de aprendizagem em equipamentos leves, como os objectos conectados. Este capítulo apresenta uma panorâmica (i) da Internet das Coisas: objectos ligados, tecnologias subjacentes e desenvolvimentos futuros, (ii) da integração da aprendizagem automática em objectos ligados e (iii) dos desafios que daí advêm.

3.2 Fundamentos da Internet das Coisas

A Internet das Coisas baseia-se na utilização de objectos inteligentes interligados. Estes objectos ligados são objectos físicos que possuem um processador, um sistema de armazenamento e uma interface de comunicação. Os objectos ligados podem ser classificados em duas categorias principais, consoante a função que desempenham. Fazemos a distinção entre sensores e actuadores. Os sensores são objectos ligados que captam e recolhem dados. Os actuadores iniciam acções.

3.2.1 Exemplos de objectos ligados

Como ilustra a Figura 3.1, existem muitos objectos ligados à nossa volta. Estes incluem

FIGURA 3.1 - Objectos ligados

— Smartphones;

Smartwatches como o Apple watch, Empatica Eд, Myo, Google watch e Withings ScanWatch;

— Sensores médicos conectados;

— Sensores de temperatura ligados;

— Sensores de frequência cardíaca ligados;

— Sensores agrícolas ligados;

— Armadilhas ligadas.

A Internet das Coisas está agora virtualmente presente em todos os domínios da vida real. A secção seguinte descreve as áreas de aplicação da Internet das Coisas.

3.2.2 Aplicações da Internet das coisas

Atualmente, assistimos à presença de objectos conectados em vários domínios, como a agricultura, a medicina e as cidades inteligentes. Atualmente, diferentes culturas estão a ser monitorizadas através de sensores agrícolas inteligentes. Também são instalados actuadores em todas as parcelas para tomar as medidas adequadas. Por exemplo, as parcelas de oliveiras estão atualmente a ser monitorizadas para uma irrigação inteligente e eficiente. Estamos também a assistir ao aparecimento de armadilhas conectadas para (1) detetar insectos e pragas e (2) pulverizar a quantidade certa de inseticida. No domínio da medicina, os pacientes que sofrem de diabetes, doenças cardiovasculares e perturbações neurológicas continuam a ser monitorizados. Esta monitorização permite analisar o seu estado de saúde, detetar (ou mesmo prever) situações de crise e tomar as medidas necessárias.

3.2.3 Comunicação

Os objectos ligados devem ser capazes de trocar dados entre si de forma eficiente. Este intercâmbio de dados pode ser efectuado através de protocolos de comunicação como o MQTT ou o HTTP. Estes protocolos de comunicação permitem que os dispositivos transmitam informações a outros objectos ligados, gateways ou servidores em nuvem.

3.2.4 Sistemas de bordo

Os objectos ligados devem ser capazes de executar programas específicos. Isto é assegurado pelo software incorporado nos microcontroladores destes objectos. Com efeito, os objectos conectados estão geralmente equipados com microcontroladores como os Raspberry PI, as placas arduino e os ESP. O software incorporado deve ser concebido para responder aos condicionalismos de tempo, espaço e energia dos equipamentos ligeiros.

3.2.5 Segurança

É essencial garantir a segurança dos dados recolhidos. Por este motivo, os objectos ligados utilizam mecanismos de encriptação, autenticação e gestão do acesso. Normas de segurança como o TLS (Transport Layer Security) ajudam a proteger os dados. Existem também protocolos de comunicação IoT que desempenham um papel importante na proteção dos dados, como o protocolo de comunicação Lo-RaWAN.

3.3 Integração da aprendizagem automática

A integração da aprendizagem automática nos objectos conectados representa um grande avanço, permitindo que estes dispositivos adquiram capacidades mais sofisticadas. Esta secção explora o papel fundamental da aprendizagem automática no contexto dos objectos conectados, bem como os benefícios e desafios associados.

3.3.1 Papel da aprendizagem automática nos objectos conectados

A aprendizagem automática permite a análise inteligente dos dados recolhidos por sensores ligados. Ao integrar modelos de aprendizagem automática em objectos conectados, estes podem tomar decisões autónomas com base na informação que aprenderam. Isto permite uma reatividade em tempo real às mudanças no ambiente, sem necessidade de intervenção externa (ou seja, de um servidor de terceiros). Além disso, os dados permanecem nos objectos ligados, uma vez que já foram processados. Isto protege os dados e resolve problemas relacionados com a segurança.

3.3.2 Desafios da aprendizagem automática incorporada

[A integração da aprendizagem automática incorporada não é uma tarefa trivial. De facto, implica a resolução de vários desafios. Entre eles, contam-se as limitações de hardware. Os objectos ligados à Internet são considerados dispositivos leves, muitas vezes limitados em termos de capacidade de computação, memória e energia. A aprendizagem automática integrada tem de estar alinhada com estas restrições, utilizando algoritmos optimizados e modelos de pequena escala. A eficiência energética e a capacidade de adaptação a recursos de hardware limitados são desafios cruciais a ultrapassar.

O objetivo deste livro é apresentar técnicas para otimizar os modelos de aprendizagem automática. O foco principal está nas técnicas de compressão, como a quantização e a poda, e nas técnicas de transferência de conhecimento, como a destilação de conhecimento.

3.4 Conclusão

Este capítulo descreveu em pormenor os fundamentos da Internet das Coisas e demonstrou a importância de integrar a aprendizagem automática em objectos ligados, ao mesmo tempo que delineou os desafios que temos pela frente. O próximo capítulo é dedicado às técnicas de compressão para otimizar os algoritmos de aprendizagem profunda.

Capítulo 4

Técnicas de compressão para modelos de aprendizagem profunda

4.1 Introdução

Este capítulo apresenta as técnicas de compressão que podem ser utilizadas para otimizar os modelos de aprendizagem profunda. Neste capítulo, discutimos duas técnicas principais, nomeadamente a quantização e a poda.

4.2 Quantificação

Esta secção descreve em pormenor a quantificação e ilustra a sua utilização no contexto das redes neuronais. Em seguida, apresentamos os principais tipos de quantização e discutimos as suas vantagens e desvantagens. Esta secção apresenta em pormenor as técnicas de quantização. Cada técnica é ilustrada por um exemplo (ou seja, código-fonte python).

4.2.1 Definição generativa de quantificação

A quantização é uma técnica de compressão bastante robusta que foi originalmente utilizada para comprimir imagens. Consiste em representar os pixéis da imagem num número reduzido de bits, tentando manter a mesma qualidade de imagem. A Figura 4.1 ilustra o processo de quantização aplicado à foto tirada pelo autor deste livro. Este processo consiste em reduzir o número de bits que representam os pixéis da imagem. Isso reduzirá o tamanho da imagem. Como mostra a figura 4.1, o número de bits pode ser reduzido em

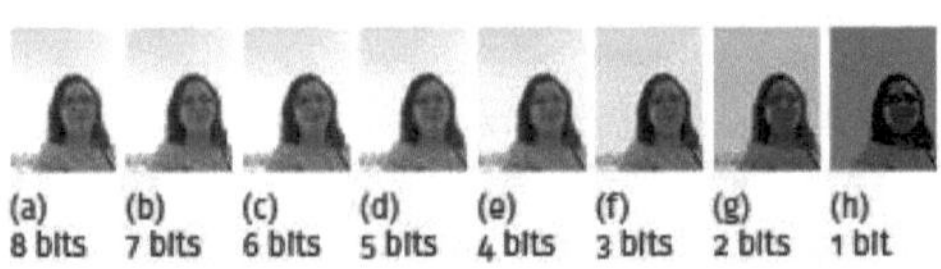

mantendo a "mesma" qualidade de imagem. Mas também é possível que este passo resulte numa perda de qualidade de imagem (ver a representação da mesma fotografia num único bit).

Note-se que o código-fonte Python utilizado para quantificar a fotografia da figura 4.1 é apresentado na listagem 4.1.

Listagem 4.1 - Código Python aplicado para obter imagens quantizadas

```

from PIL import Image
import numpy as np

def quantize_image(image_path, output_path, num_bits):
    # Open the image
    img = Image.open(image_path)

    # Convert the image to a NumPy array
    img_array = np.array(img)

    # Quantize the image to the specified number of bits
    quantized_img = np.floor_divide(img_array, 256 // (2**num_bits))

    # Scale the values back to 0-255 range
    quantized_img = quantized_img * (256 // (2**num_bits))

    # Convert back to uint8 type
    quantized_img = quantized_img.astype(np.uint8)

    # Create a new image from the quantized array
    quantized_img = Image.fromarray(quantized_img)

    # Save the quantized image
    quantized_img.save(output_path)

# Example usage
image_path = 'afef.jpg'
output_path_template = 'output/quantized_image_{}.png'

bit_depths = [8, 7, 6, 5, 4, 3, 2, 1]

for bits in bit_depths:
    output_path = output_path_template.format(bits)
    quantize_image(image_path, output_path, bits)

print("Image quantization completed.")
```

4.2.2 Quantificação e redes neuronais

A ideia é aplicar este princípio de quantificação da imagem aos pesos/activações dos modelos de aprendizagem profunda. Como да, os pesos/activações serão representados num número mínimo de bits. É certo que esta redução afectará a precisão dos modelos de aprendizagem profunda, mas permitirá reduzir consideravelmente o seu tamanho. Isto leva-nos à implantação de modelos de aprendizagem profunda em equipamentos leves.

Existem dois tipos principais de quantificação para modelos de aprendizagem profunda: (i) quantificação do peso e (ii) quantificação da ativação.

4.2.3 Tipos de quantificação

Esta secção descreve os tipos de quantificação.

4.2.3.1 Quantificação do peso

Quantificar os pesos em modelos de aprendizagem profunda envolve reduzir a precisão dos valores de peso. Os valores de peso são geralmente representados no formato de ponto flutuante de 32 bits. A quantificação envolve a redução da representação binária dos valores de peso para formatos mais compactos, como números inteiros ou pontos flutuantes de 16 ou 8 bits. Deste modo, reduz-se o consumo de memória, o desempenho computacional e o consumo de energia, mantendo-se um desempenho aceitável do modelo.

4.2.3.2 Quantificação das activações

Tal como acontece com os pesos, as activações (ou seja, as saídas dos neurónios de uma determinada camada) também podem ser quantificadas. Este tipo de quantificação depende em grande parte da função de ativação utilizada. As activações representam os valores calculados pelas funções de ativação (por exemplo, Sigmoid, ReLU) em cada camada da rede. Estes valores podem, portanto, ser quantificados da mesma forma que os pesos. O objetivo da quantificação das activações é reduzir o tamanho dos valores gerados durante a inferência. Deste modo, reduz-se o tamanho dos valores de ativação que circulam na rede, reduzindo assim os recursos necessários para o cálculo e o armazenamento.

4.2.4 Vantagens e desvantagens da quantificação

Como já foi referido, a quantização é uma técnica de compressão utilizada principalmente para a compressão de imagens. Foi adoptada para reduzir o tamanho dos modelos de aprendizagem automática profunda, permitindo que sejam facilmente implementados em hardware leve. A quantização consiste em reduzir o número de bits que representam os valores de peso e de ativação. Esta abordagem tem vantagens e desvantagens. As vantagens da quantização de pesos são:

— Redução do tamanho dos modelos de aprendizagem, permitindo uma implementação mais eficiente em equipamentos ligeiros com recursos de memória limitados.

— Redução dos requisitos de potência de computação, acelerando a inferência em dispositivos leves, como sensores inteligentes (ou seja, objectos ligados) e dispositivos móveis (ou seja, smartphones).

— Reduzir o fosso entre os modelos de aprendizagem e as aplicações em tempo real.

— Redução da quantidade de dados transferidos entre as diferentes camadas da rede neural, no caso da quantificação das activações.

— Velocidade de inferência, no caso da quantificação das activações.

As desvantagens da quantização de pesos são as seguintes

— Possível redução da exatidão, resultando numa perda de desempenho do modelo.

— Forte dependência das caraterísticas dos dados de formação. Os resultados da quantificação diferem consoante a natureza dos dados de formação.

— Gerir a quantificação das activações é mais delicado do que gerir a quantificação dos pesos. Isto porque algumas funções de ativação, como a função ReLU, são sensíveis à quantificação. A implementação da quantização das activações é, portanto, complexa.

4.2.5 Técnicas de quantificação

Existem várias técnicas de quantificação que podem ser classificadas de acordo com dois critérios principais: (i) o tipo de dados (ou seja, pesos, activações) resultantes da quantificação e (ii) o momento de aplicação da quantificação.

De acordo com o primeiro critério (i.e., o tipo de dados resultantes da quantificação), discutimos neste livro três técnicas principais de quantificação:

— Quantificação total

— Quantificação de pontos flutuantes

— Quantificação binária e ternária

De acordo com o segundo critério (ou seja, o momento em que a quantificação é aplicada), distinguimos duas técnicas principais de quantificação:

— Quantificação após a formação

— Quantificação durante a formação

4.2.5.1 Quantificação total

Este tipo de quantificação permite que os pesos/activações sejam representados como números inteiros em vez de números reais (ou seja, valores em vírgula flutuante). Isto reduz significativamente o tamanho dos modelos e acelera a inferência. No entanto, a quantificação total resulta numa perda considerável de precisão. A listagem 4.2 ilustra o processo de quantificação de números inteiros utilizando um exemplo simples.

Listagem 4.2 - Quantificação total

```
import torch
import torch.nn as nn
import numpy as np

# Définition d'un modèle simple pour l'exemple
class SimpleLinearModel(nn.Module):
    def __init__(self):
        super(SimpleLinearModel, self).__init__()
        self.linear = nn.Linear(10, 2)  # Une seule couche linéaire

    def forward(self, x):
        return self.linear(x)

# Fonction pour quantifier un tensor
def quantize_tensor(x, num_bits=8):
    qmin = 0  # Minimum de la plage de quantification
    qmax = 2**num_bits - 1  # Maximum de la plage de quantification
    min_val, max_val = x.min(), x.max()  # Valeurs min et max du tensor

    # Calcul de l'échelle et du point zéro pour la quantification
    scale = (max_val - min_val) / (qmax - qmin)
    zero_point = qmin - min_val / scale

    # Application de la quantification
    q_x = zero_point + x / scale
    q_x.clamp_(qmin, qmax).round_()  # Clamping et arrondissement
    q_x = q_x.round().byte()  # Conversion en byte (entier 8 bits)
    return q_x, scale, zero_point

# Fonction pour déquantifier un tensor
def dequantize_tensor(q_x, scale, zero_point):
    # Retour aux valeurs flottantes en utilisant l'échelle et le point
        zéro
    return scale * (q_x.float() - zero_point)

# Quantification des poids d'un modèle
def quantize_weights(model, num_bits=8):
    quantized_model_state = {}  # Dictionnaire pour les poids quantifiés
    scales = {}  # Dictionnaire pour les échelles de quantification
    zero_points = {}  # Dictionnaire pour les points zéro
    for name, param in model.state_dict().items():
        if 'weight' in name:  # Focus sur les poids
            q_param, scale, zero_point = quantize_tensor(param, num_bits)
            quantized_model_state[name] = q_param
            scales[name] = scale
            zero_points[name] = zero_point
    return quantized_model_state, scales, zero_points

# Déquantification des poids d'un modèle
def dequantize_weights(quantized_model_state, scales, zero_points):
    dequantized_model_state = {}  # Dictionnaire pour les poids
        déquantifiés
```

```
    for name, q_param in quantized_model_state.items():
        scale = scales[name]
        zero_point = zero_points[name]
        dequantized_model_state[name] = dequantize_tensor(q_param,
           scale, zero_point)
    return dequantized_model_state

# Exemple d'utilisation
model = SimpleLinearModel()
print("Poids avant quantification:", model.linear.weight)

# Application de la quantification
quantized_model_state, scales, zero_points = quantize_weights(model)
print("\nPoids quantifiés (affichage simplifié):",
   quantized_model_state['linear.weight'])

# Application de la déquantification
dequantized_model_state = dequantize_weights(quantized_model_state,
   scales, zero_points)
print("\nPoids après déquantification:",
   dequantized_model_state['linear.weight'])
```

O código da Listagem 4.2 começa por definir um modelo que contém uma única camada linear (SimpleLinearModel). O objetivo deste exemplo é aplicar a quantização de inteiros aos pesos deste modelo. De seguida, este exemplo define a função "quan- tize_tensor". Esta função converte os valores de vírgula flutuante de um tensor em valores inteiros de 8 bits, calculando simultaneamente uma escala e um ponto zero. Os valores encontrados são então utilizados para aproximar os valores float originais no espaço quantizado. O nosso exemplo implementa então a rotina 'dequantize_tensor', que converte os valores inteiros quantizados em valores flutuantes, utilizando a escala e o ponto zero calculados durante a quantização. Isto permite-nos recuperar uma aproximação dos valores flutuantes originais para avaliar os nossos resultados. Em seguida, o nosso código quantifica os pesos do modelo utilizando a rotina "quantize_weights", que percorre todos os pesos do modelo, quantifica-os utilizando quantize_tensor e armazena os resultados juntamente com os pontos de escala e zero. Por fim, o nosso código descompacta os pesos quantificados utilizando a rotina dequantize_weights. O passo de de-quantização permite-nos verificar a perda de precisão causada pela quantização. A Figura 4.2 mostra os valores dos pesos antes e depois da quantização.

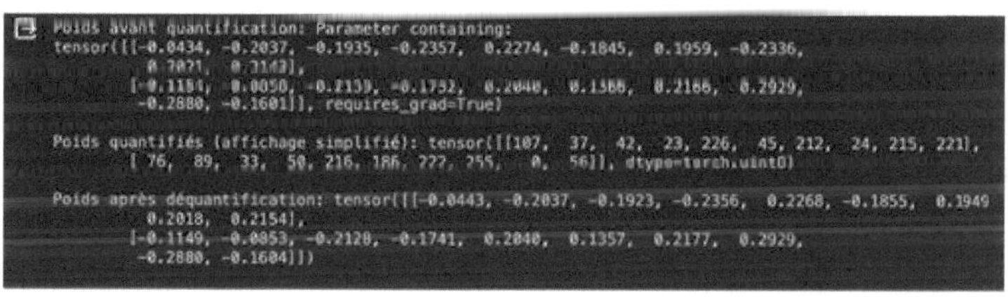

FIGURA 4.2 - Antes e depois da quantificação total

4.2.5.2 Quantificação de pontos flutuantes

Este tipo de quantificação reduz a representação em vírgula flutuante dos pesos/activações, utilizando formatos de vírgula flutuante mais curtos (por exemplo, vírgula flutuante de 8 bits). Este método é melhor do que o anterior na medida em que permite manter uma certa precisão, reduzindo simultaneamente as necessidades de memória e de cálculo. Por conseguinte, acelera a inferência sem afetar significativamente a precisão do modelo. A Listagem 4.3 mostra um exemplo de código Python que aplica a quantização de vírgula flutuante (de fioat32 para fioati6) a um modelo simples com duas camadas lineares. Para demonstrar o efeito da quantização de ponto flutuante, exibimos um subconjunto dos pesos antes e depois da quantização. Note que a instrução responsável pela quantização de ponto flutuante é "*model = model.to(torch.floati6)*".

Listagem 4.3 - Quantificação de ponto flutuante

```
import torch
import torch.nn as nn

# Définition d'un modèle simple pour l'exemple
class SimpleModel(nn.Module):
    def __init__(self):
        super(SimpleModel, self).__init__()
        self.layer1 = nn.Linear(10, 5)
        self.layer2 = nn.Linear(5, 2)

    def forward(self, x):
        x = torch.relu(self.layer1(x))
        x = self.layer2(x)
        return x

# Création d'un modèle
model = SimpleModel()

# Sélection d'une couche spécifique pour l'exemple, ici layer1
selected_layer_weights_before = model.layer1.weight.data.clone()

# Afficher les valeurs de poids avant la conversion
print("Valeurs de poids avant la conversion (float32) :")
print(selected_layer_weights_before)

# Conversion du modèle en float16
model = model.to(torch.float16)

# Extraire les valeurs de poids après la conversion pour la même couche
selected_layer_weights_after = model.layer1.weight.data

# Afficher les valeurs de poids après la conversion
print("\nValeurs de poids après la conversion (float16) :")
print(selected_layer_weights_after)
```

4.2.5.3 Quantificação binária e ternária

Nestes tipos de quantização, os valores representativos dos pesos e/ou activações da rede neuronal são quantizados em apenas dois valores (quantização binária): +i e-1; ou em três valores (quantização ternária): -1,*0* e +1. A Listagem 4.4 mostra um exemplo em Python que ilustra a quantização binária. Este exemplo aplica a quantização binária aos pesos de um modelo composto por uma única camada linear. Para o efeito, foi desenvolvida uma classe "*BinarizeFunction*". Elie utiliza "*torch.autograd.Function*" para definir uma função de quantização binária com um estimador direto (STE) para retropropagação. O método de avanço assina cada valor de peso para o converter em -1 ou +1. O método regressivo permite que o gradiente seja passado pela função de sinal durante a retropropagação, o que é essencial, pois a função de sinal não é diferenciável em zero. A quantização binária é então usada pela camada *BinarizedLinear.*

Listagem 4.4 - Quantificação binária

```
import torch
import torch.nn as nn
import torch.nn.functional as F

class BinarizeFunction(torch.autograd.Function):
    @staticmethod
    def forward(ctx, input):
        return input.sign()  # Retourne -1 ou 1 selon le signe de l'input

    @staticmethod
    def backward(ctx, grad_output):
        return grad_output  # Straight-through estimator

class BinarizedLinear(nn.Module):
    def __init__(self, input_features, output_features):
        super(BinarizedLinear, self).__init__()
        self.weight = nn.Parameter(torch.randn(output_features,
           input_features))
        self.bias = nn.Parameter(torch.randn(output_features))

    def forward(self, x):
        binarized_weight = BinarizeFunction.apply(self.weight)
        return F.linear(x, binarized_weight, self.bias)

# Initialisation du modèle
model = BinarizedLinear(input_features=10, output_features=2)

# Sauvegarde des poids originaux pour comparaison
original_weights = model.weight.data.clone()

print("Poids avant la quantification binaire :")
print(original_weights)

# Passage d'un exemple à travers le modèle pour appliquer la binarisation
input = torch.randn(1, 10)
model(input)


# Affichage des poids après la binarisation
print("\nPoids après la quantification binaire (appliquée durant le
   forward pass) :")
print(model.weight.data)

# Affichage des poids binarisés
# Note : La binarisation est appliquée durant le forward pass, donc les
   poids du modele restent inchangés.
# Pour voir l'effet de la binarisation, on doit capturer et afficher les
   poids binarisés dans le forward.
binarized_weights = BinarizeFunction.apply(model.weight)
print("\nPoids binarisés explicitement :")
print(binarized_weights)
```

Note-se que existem outros tipos de quantificação, como a quantificação simétrica e a quantificação assimétrica. A quantificação simétrica consiste em manter a simetria (em ambos os lados de o) na representação dos pesos. A quantificação assimétrica, por outro lado, representa os pesos numa gama mais alargada de valores positivos.

4.2.54 Quantificação após a formação

A quantização pós-treino (PTQ) é geralmente aplicada aos pesos obtidos após o treino de uma rede neural. O modelo é então treinado e a técnica de quantificação é aplicada aos pesos resultantes. Este método também pode ser aplicado às activações. Neste caso, o modelo é inicialmente treinado com activações bastante precisas. O método de quantificação é então aplicado. As etapas de quantificação pós-treinamento são ilustradas na Figura 4.3.

FIGURA 4.3 - Ilustração das etapas envolvidas na quantificação pós-calibração

A listagem 4.5 mostra o pseudo-código Python para a quantização pós-treinamento. A primeira coisa a fazer é carregar um modelo pré-treinado e aplicar a quantização a este modelo. Os dados devem, obviamente, ser carregados.

Listagem 4.5 - Quantificação pós-entramada

```
import torch
import torchvision.models as models

# Chargez un modèle pré-entraîné
model = models.resnet18(pretrained=True)
model.eval()

# Spécifiez la configuration de quantification
```

```
model.qconfig = torch.quantization.get_default_qconfig('fbgemm')

# Préparez le modèle pour la quantification
torch.quantization.prepare(model, inplace=True)

# Insérez ici votre logique pour passer les données à travers le modèle,
    ce qui est nécessaire pour
# le calibrage. Par exemple, utiliser un sous-ensemble de votre ensemble
    de validation.
# for data, target in data_loader:
#     model(data)

# Convertissez le modèle en modèle quantifié
torch.quantization.convert(model, inplace=True)

# Sauvegardez le modèle quantifié
torch.save(model.state_dict(), 'modele_quantifie.pth')

print("Le modèle a été quantifié et sauvé.")
```

A quantização também pode ser aplicada a cada camada da rede neural. Em geral, a biblioteca pode fazer isso de forma transparente. No entanto, é possível ver o loop explicitamente se usar a biblioteca tensorflow (veja o código python mostrado na listagem 4.6).

Listagem 4.6 - Quantificação aplicada a cada camada

Listing 4.6 – Quantification appliquée pour chaque couche

```
# Quantize weights
for layer in model.layers:
        if isinstance(layer, Dense):
                layer.kernel = quantize(layer.kernel)
                layer.bias = quantize(layer.bias)
```

A Listagem 4.7 ilustra a quantificação das activações, utilizando a biblioteca tensorflow. Essa quantificação é aplicada a cada camada da rede neural. Envolve a conversão das representações originais em vírgula flutuante das activações numa representação em vírgula fixa. Isso pode ser feito arredondando as ativações para o número inteiro mais próximo ou usando um fator de escala para mapear os valores de ponto flutuante para uma faixa menor de valores inteiros.

Listagem 4.7 - Quantificação das activações (aplicadas a cada camada)

Listing 4.7 – Quantification des activations (appliquée pour chaque couche)

```
for i, layer in enumerate(model.layers):
        if isinstance(layer, Activation):
                model.layers[i] = Activation(quantize_activation)
```

É de notar que a escolha da técnica de quantificação aplicada às activações depende muito da função de ativação utilizada para as calcular. Por exemplo, as activações geradas pela função ReLU terão geralmente de ser processadas utilizando uma abordagem de quantificação assimétrica para poderem lidar com valores negativos.

Esta técnica de quantificação (ou seja, quantificação pós-treino) é fácil de implementar e pode dizer respeito a activações ou pesos, ou a ambos ao mesmo tempo (ou seja, quantificação híbrida). Por outro lado, a quantificação pós-formação pode conduzir a uma perda de precisão e de desempenho. Isto deve-se ao facto de a quantificação ser aplicada após o treino, pelo que o modelo não tem em conta estas reduções durante o treino. Este problema é evitado pelo método de "quantificação durante o treino". Este método é descrito em pormenor a seguir.

4"2.5"5 Quantificação durante a formação

Este tipo de quantificação é designado por Quantization Aware Training (QAT). Trata-se de aplicar a quantificação aos pesos iniciais. Desta forma, a fase de aprendizagem permanece consciente da quantificação e o modelo será aprendido com pesos que já foram quantificados. A Figura 4.4 ilustra as diferentes fases da metodologia de quantificação durante o treino.

FIGURA 4.4 - Ilustração das etapas de quantificação durante o treino

Para treinar o modelo com o QAT no pytorch, precisamos de seguir três passos. Em primeiro lugar, é necessário configurar o modelo com o QAT. Em seguida, é necessário treinar o modelo, tendo em conta os pesos que já foram quantificados. Por fim, convertemos o modelo para garantir a inferência quantificada. O pseudo-código da listagem 4.8 ilustra estas diferentes etapas.

Listagem 4.8 - Quantificação das activações (aplicadas a cada camada)

Listing 4.8 – Quantification des activations (appliquée pour chaque couche)

```
# Importer les modules nécessaires
import torch
from torch.quantization import get_default_qat_qconfig, prepare_qat, convert

# Étape 1: Configurer le modèle pour QAT
model.qconfig = get_default_qat_qconfig('fbgemm') # Utiliser 'fbgemm' pour les serveurs ou 'qnnpack' pour les appareils mobiles
prepare_qat(model, inplace=True)

# Étape 2: Entraîner le modèle
# Assurez-vous que le modèle est en mode entraînement
model.train()
# Boucle d'entraînement standard ici
# optimizer.zero_grad()
# loss.backward()
# optimizer.step()

# Étape 3: Finaliser la quantification
# Après l'entraînement, passer le modèle en mode évaluation
model.eval()
# Convertir le modèle pour une inférence quantifiée
convert(model, inplace=True)

# Le modèle est maintenant prêt pour l'inférence quantifiée
```

4.3 Poda

Esta secção apresenta a poda e detalha os seus métodos e estratégias.

4.3.1 Definição de poda

A poda é uma técnica de otimização de redes neuronais. A poda é utilizada para eliminar os pesos que dão uma pequena contribuição para a previsão. A Figura 4.5 ilustra o processo de poda.

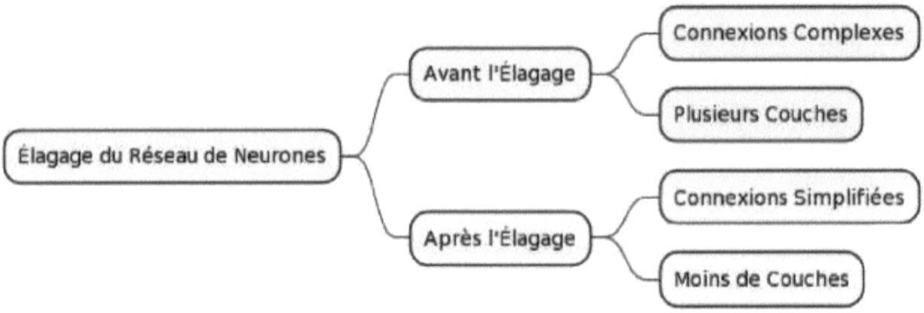

FIGURA 4.5 - Processo de poda

Assim, a poda permite obter um modelo esparso e, consequentemente, reduzir o tamanho do modelo sem afetar significativamente o seu desempenho. Esta redução acelera a inferência e ajuda a reduzir o consumo de energia. Assim, a poda permite-nos gerar redes neuronais leves e eficientes, adequadas para serem implementadas em sistemas incorporados. A Figura 4.6 mostra duas redes neurais antes (i.e., rede densa) e depois da poda (i.e., rede esparsa).

Nalguns casos, a poda permite contornar o problema da sobreaprendizagem, eliminando as ligações supérfluas. Isto permite assegurar um certo grau de generalização, o que conduz a um melhor tratamento dos novos dados.

4.3.2 Métodos de poda

Existem vários métodos de poda, geralmente dependentes do critério de poda e da estratégia aplicada. Este livro limita-se a apresentar algumas metodologias de poda.

4.3.2.1 Poda aleatória

Este método não se baseia em nenhum critério de eliminação de pesos. A EUe fá-lo simplesmente de forma aleatória. Isto torna os seus resultados pouco fiáveis. Este método é geralmente usado como uma linha de base para avaliar outras metodologias de poda. O código na Listagem 4.9 ilustra o método de poda aleatória aplicado a uma rede neural com uma taxa de 30%.

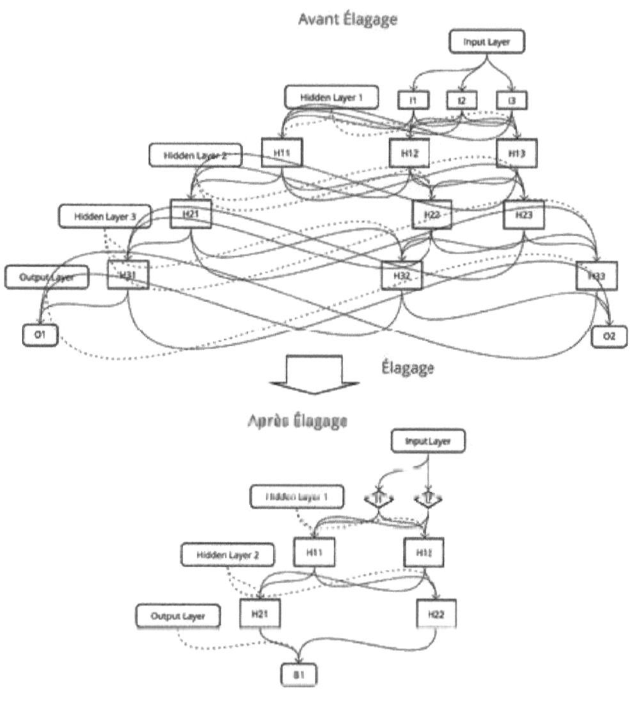

FIGURA 4.6 - Aplicação da poda a uma rede neuronal

Listing 4.9 – Élagage aléatoire de 30%

```
import torch
import torch.nn.utils.prune as prune
import torch.nn as nn
class SimpleNet(nn.Module):
    def __init__(self):
        super(SimpleNet, self).__init__()
        self.fc1 = nn.Linear(784, 128)
        self.fc2 = nn.Linear(128, 64)
        self.fc3 = nn.Linear(64, 10)

    def forward(self, x):
        x = torch.relu(self.fc1(x))
        x = torch.relu(self.fc2(x))
        x = self.fc3(x)
        return x

model = SimpleNet()
# Élaguer 30% des connexions dans la première couche linéaire de manière
    aléatoire
prune.random_unstructured(model.fc1, name='weight', amount=0.3)
print("Poids après élagage:")
print(model.fc1.weight)

print("\nMasque de poids après élagage:")
print(model.fc1.weight_mask)
```

Como mostrado na listagem 4.9, começamos por definir o modelo. Em seguida, podamos aleatoriamente 30% das conexões na primeira camada, usando a função *prune.random_unstructured*. Finalmente, mostramos os valores dos pesos antes e depois da poda (ver Figura 4.7). Note que os pesos cujos valores são 0 (após a poda) representam pesos eliminados.

```
Poids après élagage:
tensor([[ 0.0098,  0.0315,  0.0000,  ...,  0.0208, -0.0324,  0.0000],
        [ 0.0316,  0.0000, -0.0000,  ...,  0.0034,  0.0227,  0.0022],
        [ 0.0093, -0.0171, -0.0000,  ...,  0.0000,  0.0000,  0.0208],
        ...,
        [ 0.0000,  0.0218, -0.0161,  ..., -0.0000,  0.0000,  0.0157],
        [ 0.0201, -0.0048,  0.0000,  ...,  0.0059,  0.0225,  0.0000],
        [-0.0184, -0.0000,  0.0170,  ..., -0.0000,  0.0000, -0.0000]],
       grad_fn=<MulBackward0>)

Masque de poids après élagage:
tensor([[1., 1., 0.,  ..., 1., 1., 0.],
        [1., 0., 0.,  ..., 1., 1., 1.],
        [1., 1., 0.,  ..., 0., 0., 1.],
        ...,
        [0., 1., 1.,  ..., 0., 0., 1.],
        [1., 1., 0.,  ..., 1., 1., 0.],
        [1., 0., 1.,  ..., 0., 0., 0.]])
```

FIGURA 4.7 - Resultados da poda aleatória

4.3.2.2 Poda baseada na magnitude

Este método baseia-se nos valores absolutos dos pesos. Elie elimina os pesos com os valores absolutos mais baixos. Este método considera que estes pesos não contribuem muito para a decisão. O código na listagem 4.10 ilustra o método de poda baseado na magnitude, aplicado à primeira camada de uma rede neural, com uma taxa de 30%.

Listagem 4.10 - Poda baseada na magnitude

Listing 4.10 – Élagage basé sur la magnitude

```
import torch
import torch.nn as nn
import torch.nn.utils.prune as prune
class SimpleNet(nn.Module):
    def __init__(self):
        super(SimpleNet, self).__init__()
        self.fc1 = nn.Linear(784, 128)
        self.fc2 = nn.Linear(128, 64)
        self.fc3 = nn.Linear(64, 10)

    def forward(self, x):
        x = torch.relu(self.fc1(x))
        x = torch.relu(self.fc2(x))
        x = self.fc3(x)
        return x

model = SimpleNet()
# Élaguer 30% des poids de la première couche linéaire en fonction de leur magnitude
prune.l1_unstructured(model.fc1, name='weight', amount=0.3)
print("Poids après élagage :")
print(model.fc1.weight)

print("\nMasque de poids après élagage :")
print(model.fc1._forward_pre_hooks)
```

Como mostrado na listagem 4.9, começamos por definir o modelo. Em seguida, efectuamos a poda com base na magnitude de 30% das ligações na primeira camada, utilizando a função *prune.li_unstructured*. Finalmente, mostramos os valores dos pesos após a poda (ver Figura 4.8). Note-se que os pesos cujos valores são 0 (após a poda) representam pesos eliminados.

```
Poids après élagage :
tensor([[-0.0339,  0.0000,  0.0248,  ...,  0.0000,  0.0118, -0.0000],
        [ 0.0150, -0.0278,  0.0267,  ..., -0.0000,  0.0219, -0.0299],
        [ 0.0000,  0.0180,  0.0187,  ...,  0.0257, -0.0263, -0.0000],
        ...,
        [-0.0119, -0.0000,  0.0265,  ...,  0.0169, -0.0262,  0.0115],
        [-0.0000,  0.0135, -0.0267,  ..., -0.0182,  0.0000, -0.0322],
        [-0.0000, -0.0328,  0.0202,  ...,  0.0222, -0.0000, -0.0257]],
       grad_fn=<MulBackward0>)

Masque de poids après élagage :
OrderedDict([(1, <torch.nn.utils.prune.L1Unstructured object at 0x7e89ab1a2b00>)])
```

FIGURA 4.8 - Resultados da poda com base na magnitude

4.3.2.3 Poda baseada em gradiente

Este método consiste em eliminar os pesos com um gradiente baixo. De facto, considera-se que estes pesos (ou seja, os que têm gradientes baixos) não permitem melhorar a função de perda e, consequentemente, têm um impacto reduzido e bastante baixo no desempenho do modelo. O código na listagem 4.11 ilustra o processo de poda baseado no gradiente de uma forma bastante simplista. Em primeiro lugar, definimos e inicializamos o modelo. Neste exemplo, usamos dados fictícios. De seguida, eliminamos os pesos com um gradiente inferior a um determinado limiar. Este código é muito simplista e não pode ser aplicado na prática. O limiar deve ser selecionado com muito cuidado. É também importante reiniciar o processo de aprendizagem para compensar a perda de precisão devida à poda.

Listagem 4.11 - Poda baseada em gradiente

Listing 4.11 – Élagage basé sur la gradient

```
import torch
import torch.nn as nn
import torch.optim as optim

# Définir un modèle simple
class SimpleNet(nn.Module):
    def __init__(self):
        super(SimpleNet, self).__init__()
        self.fc = nn.Linear(10, 2)

    def forward(self, x):
        return self.fc(x)

# Initialiser le modèle, l'optimiseur et la fonction de perte
model = SimpleNet()
optimizer = optim.SGD(model.parameters(), lr=0.01)
criterion = nn.CrossEntropyLoss()

# Données fictives
inputs = torch.randn(5, 10)
targets = torch.randint(0, 2, (5,))
# Passe avant
outputs = model(inputs)
loss = criterion(outputs, targets)

# Zéro tous les gradients existants
optimizer.zero_grad()

# Rétropropagation
loss.backward()
# Obtenir les gradients absolus de la couche
gradients = torch.abs(model.fc.weight.grad)

# Calculer le seuil pour les 50% de gradients les plus faibles
threshold = torch.quantile(gradients, 0.5)

# Créer un masque où les gradients sont supérieurs au seuil
mask = gradients > threshold

# Appliquer le masque: mettre les poids sélectionnés à 0 (élagage)
with torch.no_grad():  # Assurez-vous de ne pas calculer de gradient ici
    model.fc.weight.data[mask.logical_not()] = 0.0
```

Estes métodos de poda podem ser aplicados utilizando uma variedade de estratégias. Este livro detalha algumas destas estratégias na secção 4.3.3.

4.3.3 Estratégias de poda

Como estratégias de poda, detalhamos neste livro a poda simples, a poda iterativa e a poda progressiva.

4,33'1 Poda única

A poda única, também conhecida como poda estática ou poda de uma etapa, consiste em aplicar um método de poda apenas uma vez para reduzir a complexidade de uma rede neural. A Figura 4.9 ilustra a estratégia de poda em uma etapa. O primeiro passo é treinar o modelo até obter um desempenho ótimo. Uma vez aprendido o modelo, definimos o(s) critério(s) de poda e, consequentemente, a metodologia de poda. Esta será aplicada ao nosso modelo para produzir um modelo esparso e menos complexo, cuja inferência é bastante simples. É possível voltar a treinar o modelo para ter em conta os novos pesos (ou seja, os pesos cortados) e melhorar assim o desempenho do modelo.

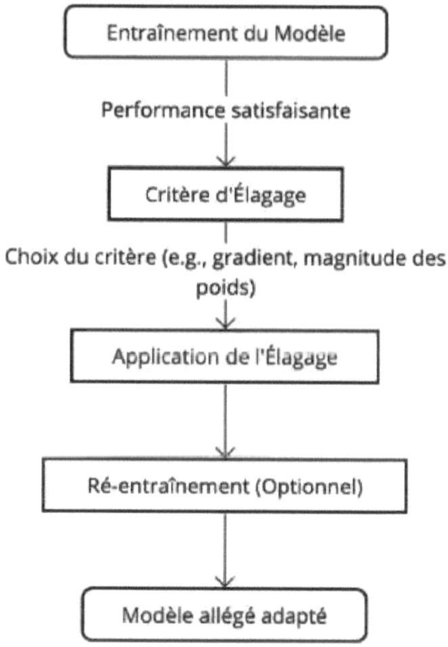

FIGURA 4.9 - Estratégia de poda única

É de notar que a estratégia de poda única é bastante simples e rápida. Por outro lado, é menos flexível, uma vez que não inclui outras iterações que permitam um ajuste mais fino, tendo em conta os novos valores dos pesos após o corte. Consequentemente, o corte único pode resultar numa perda significativa de desempenho.

433'2 Poda iterativa

Ao contrário da poda simples, a poda iterativa passa por uma série de ciclos de poda para obter um modelo separado bastante eficaz. Depois de o modelo ter sido corretamente ajustado e de ter sido alcançado um desempenho satisfatório, o segundo passo é aplicar a poda. Isto implica a remoção de uma fração dos pesos. Esta etapa de poda é seguida de uma fase de formação para ajustar os pesos restantes. Esta fase de aprendizagem é repetida várias vezes até se encontrar um modelo equilibrado que proporcione um bom compromisso entre eficiência e desempenho (ver Figura 4.10).

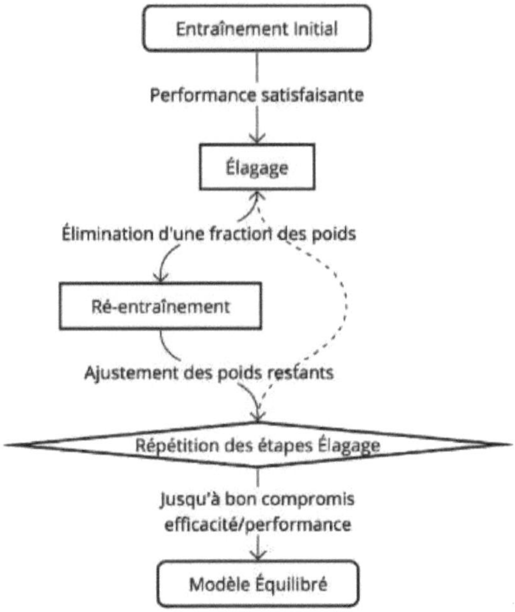

FIGURA 4.10 - Estratégia de poda iterativa

É evidente que a poda iterativa é melhor do que a poda simples em termos de desempenho. De facto, os diferentes ciclos de poda garantem uma melhor aprendizagem do modelo e, sobretudo, uma maior consciência dos pesos alongados. No entanto, este processo é bastante lento e complexo, exigindo uma atenção especial ao planeamento dos diferentes ciclos de poda. A listagem 4.12 ilustra a estratégia de poda iterativa aplicada a um modelo de aprendizagem profunda aprendido a partir da base de dados MNIST. O modelo aprendido é submetido a uma estratégia de poda iterativa utilizando a função *iterative_pruning_and_retraining.* Esta função permite a realização de vários ciclos de poda. Cada ciclo é seguido de uma fase de reciclagem, no nosso modelo (ou seja, o modelo inicialmente aprendido a partir da base de dados MNIST). Note-se que o número de iterações / ciclos e a taxa de poda devem ser ajustados em função do modelo e dos dados de treino.

Listagem 4.12 - Poda iterativa

Listing 4.12 – Élagage itératif

```python
import torch
import torch.nn as nn
import torch.optim as optim
import torch.nn.utils.prune as prune
from torchvision import datasets, transforms
from torch.utils.data import DataLoader

class SimpleNet(nn.Module):
    def __init__(self):
        super(SimpleNet, self).__init__()
        self.fc1 = nn.Linear(784, 128)  # 784 pour MNIST
        self.fc2 = nn.Linear(128, 10)

    def forward(self, x):
        x = torch.relu(self.fc1(x.view(-1, 784)))  # Aplatir l'image MNIST
        x = self.fc2(x)
        return x
transform = transforms.Compose([transforms.ToTensor(), transforms.Normalize((0.5,), (0.5,))])

train_dataset = datasets.MNIST(root='./data', train=True, download=True, transform=transform)
train_loader = DataLoader(train_dataset, batch_size=32, shuffle=True)

test_dataset = datasets.MNIST(root='./data', train=False, download=True, transform=transform)
test_loader = DataLoader(test_dataset, batch_size=1000, shuffle=False)
def train(model, device, train_loader, optimizer, epoch):
    model.train()
    for batch_idx, (data, target) in enumerate(train_loader):
        data, target = data.to(device), target.to(device)
        optimizer.zero_grad()
        output = model(data)
        loss = nn.CrossEntropyLoss()(output, target)
        loss.backward()
        optimizer.step()

device = torch.device("cuda" if torch.cuda.is_available() else "cpu")
model = SimpleNet().to(device)
optimizer = optim.SGD(model.parameters(), lr=0.01, momentum=0.5)
for epoch in range(1, 5):
    train(model, device, train_loader, optimizer, epoch)
def iterative_pruning_and_retraining(model, device, train_loader, optimizer, num_cycles=3, pruning_rate=0.2):
    for cycle in range(num_cycles):
        # Élagage
        parameters_to_prune = (
            (model.fc1, 'weight'),
        )
        prune.global_unstructured(parameters_to_prune, pruning_method=prune.L1Unstructured, amount=pruning_rate)

        # Ré-entraînement
        for epoch in range(1, 5):
            train(model, device, train_loader, optimizer, epoch)

        print(f"Cycle {cycle + 1}/{num_cycles} completed.")

iterative_pruning_and_retraining(model, device, train_loader, optimizer)
```

43'3'3 Poda progressiva

A poda progressiva é muito semelhante à poda iterativa, exceto pelo facto de envolver um aumento gradual da taxa de poda. Este aumento gradual da taxa de poda assegura uma aprendizagem consciente e gradual da poda, resultando em redes neuronais esparsas mas eficazes e eficientes. A Figura 4.11 ilustra o processo de poda gradual. Primeiro, inicializamos o modelo. Depois, podamos a uma taxa baixa. Os novos pesos (i.e., elagues) gerados são então reintroduzidos. Desta forma, este primeiro ciclo de formação está consciente do primeiro ciclo de poda, como na poda iterativa. Esta etapa repete-se aumentando progressivamente a taxa de poda. Quando os critérios desejados são atingidos, o processo de poda pára e obtém-se um modelo optimizado.

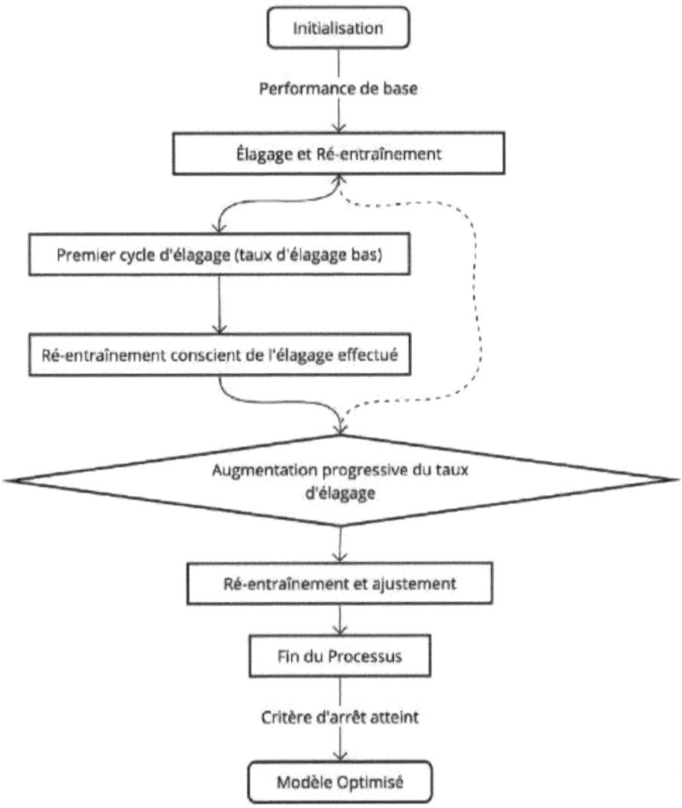

FIGURA 4.11 - Estratégia de poda progressiva

Note-se que as vantagens da poda progressiva residem no facto de garantir uma otimização fina do modelo através do aumento gradual da taxa de poda. Por outro lado, a determinação da taxa de poda pode ser difícil. Além disso, a aplicação deste processo progressivo é complexa.

O exemplo da listagem 4.13 ilustra a estratégia de poda progressiva no mesmo modelo aprendido a partir da base de dados MNIST (ver linhas 1 - 37 da listagem 4.12). Assim, esta listagem mostra apenas a função *progressive_pruning* responsável pela poda progressiva e a sua aplicação ao modelo. Esta função começa por (1) definir uma taxa de poda reduzida (=1%), (2) podar o modelo e treiná-lo e (3) aumentar gradualmente esta taxa de poda (*initial_pruning_rate* utilizando o parâmetro *pruning_rote_decoy* (=0,2) (ver linha 23 da listagem 4.13).

<u>Listagem 4.13 - Poda progressiva</u>

Listing 4.13 – Élagage progressif

```
1  def progressive_pruning(model, device, train_loader, epochs_per_stage,
      initial_pruning_rate=0.1, pruning_rate_decay=0.2, num_stages=5):
2      optimizer = optim.SGD(model.parameters(), lr=0.01, momentum=0.5)
3      pruning_rate = initial_pruning_rate
4
5      for stage in range(num_stages):
6          # Définir les paramètres à élaguer
7          parameters_to_prune = [(model.fc1, 'weight')]
8
9          # Élagage global non structuré
10         prune.global_unstructured(
11             parameters=parameters_to_prune,
12             pruning_method=prune.L1Unstructured,
13             amount=pruning_rate,
14         )
15
16         # Ré-entraînement
17         for epoch in range(1, epochs_per_stage + 1):
18             train(model, device, train_loader, optimizer, epoch)
19
20         print(f"Fin du stage {stage + 1}, taux d'élagage:
              {pruning_rate*100:.2f}%")
21
22         # Augmenter le taux d'élagage pour le prochain cycle
23         pruning_rate += pruning_rate_decay * pruning_rate
24
25 device = torch.device("cuda" if torch.cuda.is_available() else "cpu")
26 model = SimpleNet().to(device)
27 progressive_pruning(model, device, train_loader, epochs_per_stage=5,
      num_stages=3)
28 )
```

Nesta fase, é importante notar que os exemplos de código apresentados neste capítulo têm objectivos pedagógicos e são essencialmente utilizados para explicar os diferentes conceitos de quantização e poda. No entanto, hoje em dia existem ferramentas e bibliotecas mais sofisticadas que permitem a compressão e otimização de modelos de aprendizagem profunda de uma forma mais fácil. Estas ferramentas e bibliotecas são detalhadas na secção 4.4.

4.4 Ferramentas utilizadas para comprimir modelos DL

Há uma série de ferramentas e bibliotecas avançadas que podem ser utilizadas para otimizar os modelos de aprendizagem profunda através da aplicação de técnicas de poda e quantificação.

técnicas de quantificação. Estas incluem (1) o kit de ferramentas de otimização de modelos TensorFlow e (2) NVIDIA TensorRT. Este livro apresenta pormenores sobre estas duas ferramentas.

4.4.1 O conjunto de ferramentas de otimização de modelos "TensorFlow

[1]O conjunto de ferramentas de otimização de modelos "TensorFlow" é um conjunto de ferramentas para otimizar os modelos de aprendizagem automática e aprendizagem profunda, para que possam ser implementados em dispositivos móveis e equipamentos com recursos limitados. Este conjunto de ferramentas inclui:

— Uma API para quantização pós-treinamento de inteiros.

— Uma API para quantificação durante a formação (ou seja, formação consciente da quantificação)

— Um autómato para a poda

— etc.

[1] [2]Os modelos processados por estas API devem então ser convertidos utilizando o Tensorflow Lite (TFLite), para que possam ser implementados no hardware correspondente. O TFLite é uma ferramenta que permite implementar e executar modelos de aprendizagem profunda em computadores e equipamentos com recursos limitados.

4.4.2 NVIDIA TensorRT

[3]O NVIDIA TensorRT é um SDK que inclui um otimizador de inferência. Ele usa a técnica de quantização para otimizar modelos de aprendizado profundo. Em particular, o NVIDIA TensorRT usa quantização de inteiros e flutuantes e a aplica durante o treinamento (QAT) e após o treinamento (PTQ), para otimizar modelos de deep learning e executá-los em hardware com recursos limitados.

4.5 Conclusão

Este capítulo abordou duas técnicas fundamentais utilizadas para otimizar os modelos de aprendizagem profunda: a quantificação e a poda. A apresentação destas técnicas foi seguida de vários exemplos que as ilustram. Estes exemplos podem ser executados no Google Colab. O próximo capítulo apresenta em pormenor outra técnica baseada na transferência de conhecimentos, denominada Destilação de conhecimentos.

---

1 https ://www.tensorflow.org/model_optimization
2 https://www.tensorflow.org/lite
3 https ://developer.nvidia.com/tensorrt

Capítulo 5

Destilar conhecimentos

5.1 Introdução

Este capítulo apresenta a técnica de destilação de conhecimentos. Esta técnica permite que o conhecimento seja transferido de um modelo de aprendizagem profunda grande e de elevado desempenho, conhecido como professor, para um modelo de aprendizagem profunda ligeiro e de baixo desempenho, conhecido como aluno. O resto do capítulo é composto por sete secções. A primeira apresenta uma introdução geral à técnica de destilação de conhecimentos. A segunda secção centra-se nos tipos de conhecimento. De seguida, apresentamos a metodologia de destilação de conhecimentos e os tipos de conhecimentos. Terminamos este capítulo com uma aplicação prática e uma conclusão.

5.2 Destilar conhecimentos

O conceito de destilação do conhecimento remonta à década de 1980. Este conceito foi depois formalizado por Hinton e os seus co-autores, em 2015. Desde então, este conceito evoluiu significativamente e tem sido amplamente utilizado no domínio da aprendizagem automática profunda e dos sistemas incorporados. De facto, a técnica de destilação do conhecimento é muito útil no domínio dos sistemas incorporados. Com efeito, o modelo do aluno pode ser inicialmente concebido para ser implantado numa plataforma de hardware dedicada, satisfazendo assim todas as restrições que lhe estão associadas. O desempenho deste modelo será posteriormente melhorado, aprendendo com os conhecimentos transferidos pelo modelo de ensino (um modelo de alto desempenho desde a conceção).

Assim, a técnica de destilação de conhecimentos baseia-se em dois actores principais: (i) o modelo "professor" e (ii) o modelo "aluno". O modelo do professor é um modelo muito complexo e, por conseguinte, eficaz. O modelo do aluno é muito menos complexo e, por conseguinte, muito menos eficaz do que o modelo do professor. A destilação de conhecimentos consiste em transferir conhecimentos do modelo do professor para o modelo do aluno. Desta forma, o modelo do aluno aprende não só com o terreno dos rótulos verificados, mas também com a experiência do modelo do professor. Feito isso, o modelo do aluno continua a ser capaz de imitar o desempenho do modelo do professor, incorporando uma versão condensada do seu conhecimento. Isto permite-nos melhorar o desempenho de um modelo leve, concebido essencialmente para ser implantado e executado num equipamento leve com recursos limitados.

Tal como ilustrado na Figura 5.1, o processo de destilação de conhecimentos começa por treinar o modelo do professor com base em etiquetas de verdade de campo. Esta etapa gera um modelo do professor bem aprendido. O conjunto de conhecimentos do modelo do professor é transferido para o modelo do aluno. Desta forma, o modelo do aluno aprende com os rótulos de verdade do campo e com o conhecimento do modelo do professor.

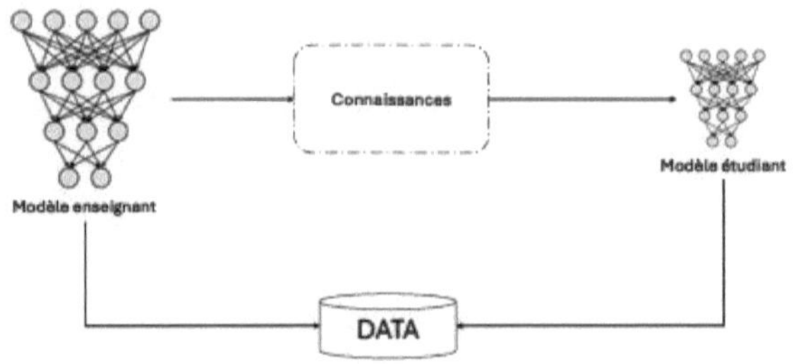

FIGURA 5.1 - Destilação do conhecimento

A técnica de destilação de conhecimentos depende da natureza dos conhecimentos transferidos do modelo do professor para o modelo do aluno. Os tipos de conhecimentos são descritos na secção 5.3.

5.3 Tipos de conhecimentos

Existem vários tipos de conhecimentos que podem ser transferidos de um modelo de professor para um modelo de aluno. Este livro apresenta quatro tipos.

5.3.1 Tipo 1: Logits

Os logits representam as saídas da última camada de uma rede neuronal, imediatamente antes de a função softmax ser aplicada para obter as probabilidades. A transferência destes logits do modelo do professor para o modelo do aluno permite transmitir não só as previsões finais, mas também a confiança relativa do modelo do professor nessas previsões. Desta forma, o modelo do aluno é capaz de aprender nuances finas nas decisões tomadas pelo modelo do professor e, como resultado, será capaz de generalizar para novos dados.

5.3.2 Tipo 2: Caraterísticas intermédias

As caraterísticas intermédias, também conhecidas como representações internas ou activações da camada oculta, são as representações aprendidas em diferentes camadas das redes neuronais de ensino. Reflectem o processamento interno dos dados de entrada e captam informações abstractas. Ao transferir estas caraterísticas do modelo do professor para o modelo do aluno, este último (ou seja, o modelo do aluno) beneficia da experiência e da compreensão profunda dos dados adquiridos pelo modelo do professor. Isto acelera o processo de aprendizagem e melhora a capacidade de generalização do modelo do aluno.

5.3.3 Tipo 3: Conhecimento relacional

O conhecimento relacional no contexto da destilação de conhecimentos refere-se a informações sobre as relações e a dinâmica entre diferentes entradas, classes ou caraterísticas no modelo do professor. A Destilação de Representação Contrastiva (CRD) é uma técnica avançada que tem por objetivo transferir este conhecimento relacional do modelo do professor para o modelo do aluno. Esta abordagem ajuda o modelo do aluno a desenvolver uma compreensão mais profunda dos dados, concentrando-se nas relações e não em caraterísticas isoladas. Isto pode ser particularmente útil em tarefas complexas em que as relações entre os dados são cruciais.

5.3.4 Tipo 4: Conhecimento da atenção e dinâmica de decisão

Por volta de 2014 e 2015, o mecanismo de atenção surgiu no contexto do processamento de linguagem natural. Este mecanismo permite que os modelos de aprendizagem automática se concentrem nas partes mais relevantes dos dados de entrada quando tomam uma decisão. No contexto do processamento de linguagem natural (PNL), o modelo pode dar mais atenção (ou seja, importância) a certas palavras, que podem geralmente abranger o significado da frase.

A transferência de conhecimentos atencionais consiste em transmitir ao modelo do aluno as partes dos dados consideradas importantes para a decisão (por exemplo, áreas de uma imagem consideradas importantes pelo modelo do professor para identificar um objeto). Desta forma, o modelo do aluno pode "ver" e "compreender" quais as partes dos dados que foram consideradas importantes pelo modelo do professor.

Para além da transferência de conhecimentos atencionais, é possível que o modelo do professor transfira dinâmicas de decisão para o modelo do aluno. Isto implica a transferência de trajectórias de processamento que o modelo do professor utiliza para chegar às suas previsões. Isto permite que o modelo do aluno imite o comportamento de tomada de decisão do modelo do professor.

Existem vários métodos de transferência de conhecimentos, consoante o tipo de conhecimento que está a ser transferido. Este livro apenas pormenoriza a metodologia de transferência "logit" no contexto da destilação de conhecimentos. Este método é descrito em pormenor na secção 5.4.

5.4 Metodologia de destilação de conhecimentos

Todos os métodos de destilação de conhecimentos partilham o mesmo primeiro passo. Todos eles começam por treinar o modelo do professor. No caso em que os conhecimentos a transferir são logits, estes são utilizados para determinar as decisões para cada exemplo de dados, utilizando o modelo do professor treinado. Os logits representam as saídas do modelo antes da aplicação da função softmax, representando assim pontuações não normalizadas para cada classe. A terceira etapa consiste em (1) definir o modelo do aluno, que é necessariamente mais pequeno e menos complexo do que o modelo do professor, (2) treinar o modelo do aluno utilizando uma combinação das etiquetas das classes verdadeiras (ou seja, etiquetas de verdade terrestre) e as saídas do modelo do professor, terminadas utilizando os logits. O treino das etiquetas verdadeiras é efectuado como habitualmente, utilizando a função de perda de entropia cruzada tradicional expressa pela fórmula 5.1.

$$L_{Sc} = C(softmax(l_s), y) \tag{5.1}$$

Onde *C* é a perda de entropia cruzada e *y* representa o rótulo verdadeiro.

A aprendizagem a partir dos logits do modelo do professor baseia-se na função de perda de divergência *de Kullback-Leibler* (KL), expressa pela fórmula 5.2.

$$L_{KD} = \tau^2 KL(l_s, l_t) \tag{5.2}$$

Onde τ é o hiper-parâmetro de temperatura, que é introduzido para controlar a atenuação do sinal causada pela saída da rede de ensino.

$_s$e $_t$são os logits dos modelos do professor e do aluno, respetivamente.

A saída de cada rede pode ser expressa como $y_s = softmax(l_s/\tau)$ et $y_t = softmax(l_t/\tau)$.

Por conseguinte, o modelo do aluno será introduzido utilizando a função de perda expressa pela fórmula (5.3):

$$L_{Student} = (1-\lambda)L_{Sc} + \lambda L_{KD} \tag{5.3}$$

λ With é o segundo hiper-parâmetro utilizado para equilibrar a função de perda dássica do modelo do aluno e a função de perda por divergência.

A Figura 5.2 ilustra o método de destilação do conhecimento no caso em que o conhecimento transferido é logit.

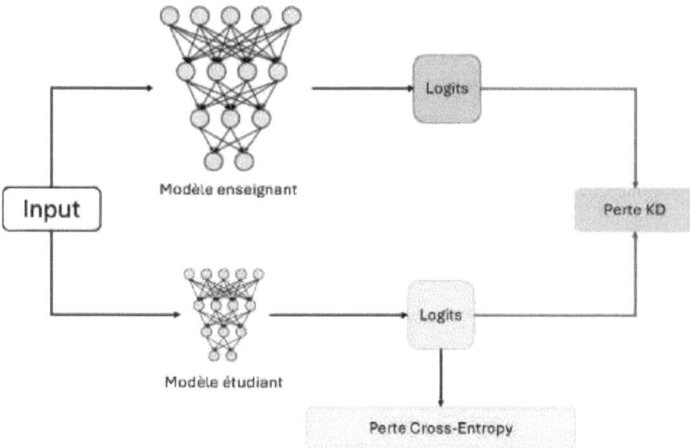

FIGURA 5.2 - Destilação do conhecimento

5.5 Tipos de destilação de conhecimentos

Existem vários tipos/esquemas de destilação de conhecimentos. O mais conhecido é a destilação de conhecimentos offline. Este é o tipo descrito nas secções anteriores. Para além deste tipo, existem outros tipos, como a destilação de conhecimentos em linha e a auto-destilação. Estes tipos serão descritos de seguida.

5.5.1 Destilação de conhecimentos offline

A destilação de conhecimentos offline representa o tipo clássico de destilação. Este é o tipo descrito anteriormente neste capítulo. Envolve a formação do modelo do professor offline. Os conhecimentos deste modelo serão depois transferidos para o modelo do aluno. Este tipo de destilação caracteriza-se pela simplicidade da sua aplicação. O processo de destilação é linear, no sentido em que a formação do modelo do professor é seguida da formação do modelo do aluno com base nos resultados do modelo do professor. Também é possível utilizar o conhecimento do modelo do professor para treinar vários modelos de alunos. Isto poupa recursos computacionais. Além disso, a destilação de conhecimentos offline permite-nos testar facilmente vários modelos de alunos (arquitetura, tamanho do modelo), utilizando simultaneamente os mesmos conhecimentos do modelo do professor. No entanto, a técnica de destilação de conhecimentos offline tem alguns inconvenientes. Em primeiro lugar, esta técnica não permite uma atualização simples e flexível dos conhecimentos. De facto, uma vez determinado o conhecimento do modelo do professor, qualquer atualização exige que todo o processo seja repetido desde o início. Isto consome muito tempo. Além disso, são necessários recursos de memória adicionais para armazenar os resultados do modelo do professor. Por último, a destilação de conhecimentos offline sofre do problema da diferença entre as capacidades do modelo do aluno e do modelo do professor. Esta diferença afectará o desempenho do modelo do aluno, que não poderá aprender corretamente com o modelo do professor. O problema do fosso foi abordado por vários investigadores. Foram propostas várias soluções na literatura.

5.5.2 Destilação de conhecimentos em linha

Ao contrário da destilação de conhecimentos offline, a destilação de conhecimentos em linha não exige que o modelo do professor seja previamente treinado para poder iniciar o processo de transferência de conhecimentos para o modelo do aluno. A Figura 5.3 ilustra a destilação de conhecimento on-line. Os modelos do professor e do aluno são treinados simultaneamente. Desta forma, todo o conhecimento do modelo do professor é transferido de forma progressiva e iterativa para o modelo do aluno.

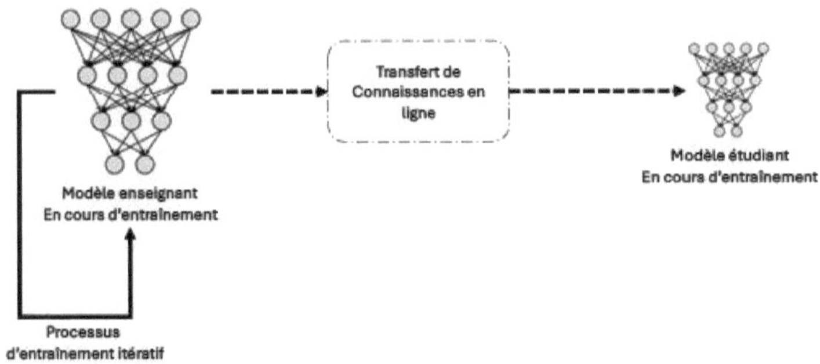

FIGURA 5.3 - Destilação de conhecimentos em linha

A destilação em linha baseia-se, portanto, na interatividade entre os modelos do professor e do aluno. Esta interatividade permite uma maior flexibilidade no processo de aprendizagem, conduzindo a um modelo de aluno mais generalizado e mais eficaz.

Existem várias abordagens à destilação em linha, que têm sido amplamente propostas pelos investigadores. Neste capítulo, mencionamos a abordagem mais conhecida, nomeadamente a abordagem de aprendizagem mútua.

A aprendizagem mútua envolve vários modelos de alunos e um modelo de professor no processo de aprendizagem. Estes modelos

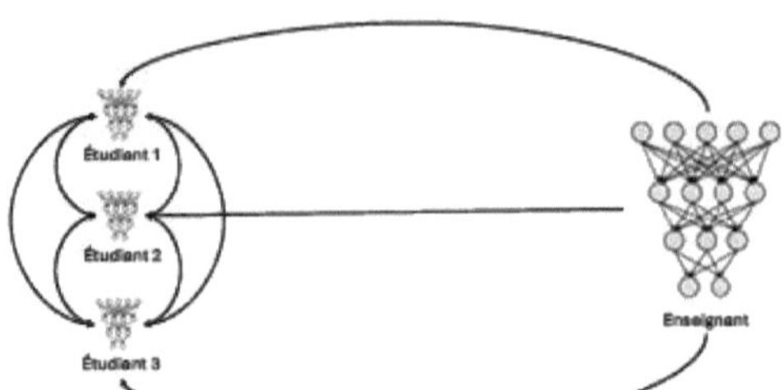

FIGURA 5.4 - Destilação de conhecimentos em linha: abordagem de aprendizagem mútuaOs alunos aprendem não só com o modelo do professor, mas também uns com os outros (ver Figura 5.4). Desta forma, a aprendizagem mútua permite uma interação rica entre os modelos dos alunos, uma vez que cada um beneficia dos pontos fortes dos outros e, consequentemente, compensa os pontos fracos dos outros através do processo de destilação.

5.5.3 Auto-destilação

A auto-destilação é um caso especial de destilação de conhecimentos em linha. Permite que um modelo aprenda consigo próprio, de forma iterativa e incremental. Como ilustrado na Figura 5.5, o modelo do aluno é primeiro enquadrado nas etiquetas verdadeiras. É depois reenquadrado num conjunto de dados enriquecido com as suas próprias previsões da iteração anterior. Isto ajuda a (1) incorporar gradualmente novos conhecimentos, (2) aperfeiçoar as capacidades de previsão do modelo e (3) reduzir a sobreaprendizagem. De facto, o modelo é treinado numa versão ligeiramente alterada dos dados originais, o que pode ajudar a diversificar e generalizar a aprendizagem.

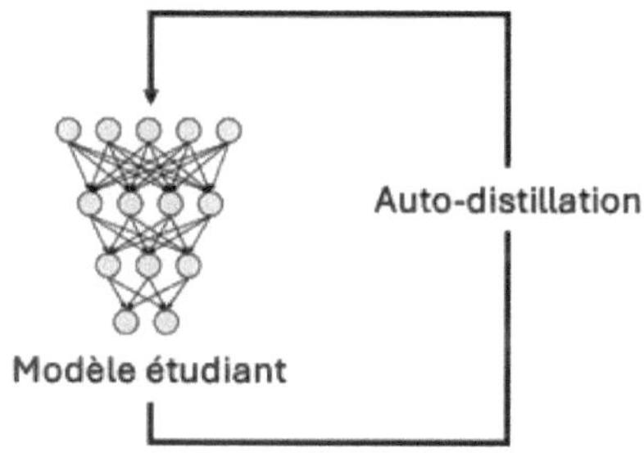

FIGURA 5.5 - Auto-destilação

5.6 Aplicação prática

Esta secção apresenta uma implementação em Python da destilação do conhecimento, baseada na utilização da biblioteca "*pytorch*". A primeira tarefa consiste em (1) definir um modelo complexo de professor capaz de classificar imagens da base de dados CIFAR-10 e (2) um modelo simples de aluno capaz de fazer o mesmo. O objetivo deste código Python é comparar (i) o desempenho do modelo do aluno quando aprendido apenas com rótulos verdadeiros e (ii) o seu desempenho quando aprendido utilizando um método de destilação do conhecimento. Assim, o nosso código começa por carregar as bibliotecas necessárias (ver listagem 5.1).

Listagem 5-1 ~ Passo 1: Carregar as bibliotecas necessárias

Listing 5.1 – Étape 1 : Charger les librairies nécessaires

```
import torch
import torch.nn as nn
import torch.nn.functional as F
import torch.optim as optim
from torchvision import datasets, transforms

from torch.utils.data import DataLoader
from torchvision.models import resnet18  # Modèle pré-entrainé utilisé
    pour l'enseignant
```

De seguida, o nosso código define o modelo do professor, que se baseia no modelo pré-treinado *"ResNet 18"* (ver listagem 5.2).

Listagem 5.2 - Etapa 2: Definição do modelo de professor

1

Listing 5.2 – Étape 2 : Définir le modèle enseignant

```
# Définir le modèle enseignant en utilisant le modèle pré-entrainé
    ResNet18
class TeacherModel(nn.Module):
    def __init__(self, pretrained=True, num_classes=10):
        super(TeacherModel, self).__init__()
        self.model = resnet18(pretrained=pretrained)
        self.model.fc = nn.Linear(self.model.fc.in_features, num_classes)

    def forward(self, x):
        return self.model(x)
```

A terceira etapa consiste em definir o modelo do aluno. Trata-se de um modelo muito simples baseado na utilização de uma CNN (ver listagem 5.3).

Listagem 5.3 - Etapa 3: Definição do modelo de aluno

Listing 5.3 – Etape 3 : Définir le modèle étudiant

```
# Define the Student Model (simpler CNN)
class StudentModel(nn.Module):
    def __init__(self):
        super(StudentModel, self).__init__()
        self.conv1 = nn.Conv2d(3, 32, kernel_size=3, padding=1)
        self.conv2 = nn.Conv2d(32, 64, kernel_size=3, padding=1)
        self.fc1 = nn.Linear(64 * 8 * 8, 120)
        self.fc2 = nn.Linear(120, 10)

    def forward(self, x):
        x = F.max_pool2d(F.relu(self.conv1(x)), 2)
        x = F.max_pool2d(F.relu(self.conv2(x)), 2)
        x = x.view(-1, 64 * 8 * 8)
        x = F.relu(self.fc1(x))
        x = self.fc2(x)
        return x
```

A quarta etapa consiste em carregar os dados da base de dados CIFAR10 (ver listagem 5.4). [1]Esta base de dados contém 60 000 imagens coloridas (32*32), pertencentes a 10 classes.

Listagem 5.4 - Passo 4: Carregar a base de dados CIFAR 10

Listing 5.4 – Étape 4 : Chargement de la base de données CIFAR 10

```
# Load CIFAR-10 data
transform = transforms.Compose([
    transforms.ToTensor(),
    transforms.Normalize((0.5, 0.5, 0.5), (0.5, 0.5, 0.5))
])

train_dataset = datasets.CIFAR10(root='./data', train=True,
   download=True, transform=transform)
train_loader = DataLoader(train_dataset, batch_size=64, shuffle=True)

test_dataset = datasets.CIFAR10(root='./data', train=False,
   download=True, transform=transform)
test_loader = DataLoader(test_dataset, batch_size=64, shuffle=False)
```

Uma vez definidos os dois modelos e carregados os dados, podemos proceder à inicialização dos dados (ver listagem 5.5).

Listagem 5.5 - Passo 5: Carregar a base de dados CIFAR-10

Listing 5.5 – Étape 5 : Chargement de la base de données CIFAR-10

```
# Initialiser les modèles
teacher_model = TeacherModel(pretrained=False)
student_model = StudentModel()
```

O sexto passo é definir os parâmetros do acionamento (ver lista 5.6).

Listagem 5.6 - Passo 6: Definir as definições de aprendizagem

Listing 5.6 – Étape 6 : Définition de settings de l'apprentissage

```
device = torch.device("cuda" if torch.cuda.is_available() else "cpu")
teacher_model.to(device)
student_model.to(device)
optimizer = optim.Adam(student_model.parameters(), lr=0.001)
```

Definimos agora duas funções de aprendizagem. A primeira é utilizada para treinar o modelo do aluno com base apenas nas etiquetas verdadeiras (ver listagem 5.7).

Listagem 5.7 - Passo 7.1: Definir a função de aprendizagem do modelo do aluno com base nas etiquetas verdadeiras

```
def train_student_with_hard_labels(student_model, device, train_loader,
   optimizer, epoch):
    student_model.train()
    for batch_idx, (data, target) in enumerate(train_loader):
        data, target = data.to(device), target.to(device)
        optimizer.zero_grad()
        output = student_model(data)
        loss = F.cross_entropy(output, target)
        loss.backward()
        optimizer.step()
        if batch_idx % 100 == 0:
            print(f'Hard Labels Epoch: {epoch} [{batch_idx *
               len(data)}/{len(train_loader.dataset)} ({100. * batch_idx
               / len(train_loader):.0f}%)]\tLoss: {loss.item():.6f}')
```

A segunda é utilizada para treinar o modelo utilizando o método de destilação do conhecimento. Neste caso, é também necessário definir a função de perda (i.e., perda de destilação), como ilustrado na Listagem 5.8.

Listagem 5.8 - Etapa 7.1: Definição da função de aprendizagem do modelo de aluno utilizando a metodologia de destilação do conhecimento

```
# Distillation de connaissances
def train_student(teacher_model, student_model, device, train_loader,
    optimizer, epoch, temperature=2.0, alpha=0.5):
    teacher_model.eval()
    student_model.train()

    for batch_idx, (data, target) in enumerate(train_loader):
        data, target = data.to(device), target.to(device)
        optimizer.zero_grad()
        teacher_output = teacher_model(data)
        student_output = student_model(data)
        loss = distillation_loss(student_output, teacher_output, target,
            temperature, alpha)
        loss.backward()
        optimizer.step()
        if batch_idx % 100 == 0:
            print(f'Train Epoch: {epoch} [{batch_idx *
                len(data)}/{len(train_loader.dataset)} ({100. * batch_idx
                / len(train_loader):.0f}%)]\tLoss: {loss.item():.6f}')

# Fonction perte
def distillation_loss(student_outputs, teacher_outputs, true_labels,
    temperature, alpha):
    soft_loss = nn.KLDivLoss()(F.log_softmax(student_outputs /
        temperature, dim=1), F.softmax(teacher_outputs / temperature,
        dim=1))
    hard_loss = F.cross_entropy(student_outputs, true_labels)
    return alpha * soft_loss + (1 - alpha) * hard_loss
```

Antes de começar a aprender o modelo do aluno, precisamos de definir uma função para avaliar o processo de aprendizagem. O código para esta função é apresentado na listagem 5.9.

Listagem 5-9 - Definição da função de avaliação da aprendizagem

Listing 5.9 – Définition de la fonction d'évaluation de l'apprentissage

```
# fonction de test permettant l'évaluation du modèle étudiant
def test(model, device, test_loader):
    model.eval()
    test_loss = 0
    correct = 0
    with torch.no_grad():
        for data, target in test_loader:
            data, target = data.to(device), target.to(device)
            output = model(data)
            test_loss += F.cross_entropy(output, target,
               reduction='sum').item()  # sum up batch loss
            pred = output.argmax(dim=1, keepdim=True)  # get the index
               of the max log-probability
            correct += pred.eq(target.view_as(pred)).sum().item()
    test_loss /= len(test_loader.dataset)
    print(f'\nTest set: Average loss: {test_loss:.4f}, Accuracy:
       {correct}/{len(test_loader.dataset)} ({100. * correct /
       len(test_loader.dataset):.0f}%)\n')
```

Quando todas as etapas descritas acima tiverem sido concluídas, podemos começar a aprender o modelo do aluno. Começamos por aplicar a primeira função de aprendizagem, baseada apenas em etiquetas verdadeiras (ver listagem 5.10). Após o treino, o modelo será avaliado utilizando a função da Listagem 5.9.

Listagem 5.10 - Etapa 8.1: Aprendizagem e avaliação do modelo do aluno: Aprendizagem com base em etiquetas reais

```
# Apprentissage du modèle étudiant en se basant sur les vrais labels

for epoch in range(1, 11):  # Let's train for 10 epochs
    print(f"Epoch {epoch}/10 - Training with Hard Labels")
    train_student_with_hard_labels(student_model, device, train_loader,
       optimizer, epoch)

# Évaluation du modèle étudiant
test(student_model, device, test_loader)
```

Este código foi executado no Google Colab, utilizando a GPU T4. Os resultados obtidos mostraram que a exatidão do modelo (ou seja, a precisão) é de 70%.

Como se pode ver na listagem 5.11, o passo 8.2 consiste em aprender o modelo do aluno, seguindo a metodologia de destilação do conhecimento. Uma vez aprendido o modelo, avaliamo-lo. Neste caso, verificamos que o desempenho do modelo melhorou quando seguimos uma abordagem de destilação de conhecimentos. Em particular, a exatidão melhorou em 2% para 72%.

Listagem 5.11 - Etapa 8.2: Aprender e avaliar o modelo do aluno: destilação de conhecimentos

Listing 5.11 – Étape 8.2 : Apprentissage et évaluation du modèle étudiant : Distillation de connaissances

```
# Apprentissage en suivant la distillation de connaissances
for epoch in range(1, 11):  # Let's train for 10 epochs
    print(f"Epoch {epoch}/10 - Training with Knowledge Distillation")
    train_student(teacher_model, student_model, device, train_loader,
       optimizer, epoch)


#Évaluation du modèle étudiant
test(student_model, device, test_loader)
```

5.7 Conclusão

Este capítulo explorou uma técnica atual, a destilação de conhecimentos. Esta técnica é utilizada para transferir conhecimentos de um modelo de professor complexo e com elevado desempenho para um modelo de aluno simples e sem desempenho. A destilação de conhecimentos ajuda a melhorar consideravelmente o desempenho do modelo do aluno (ou seja, o modelo simples), mantendo a sua simplicidade. Isto permitirá encontrar um bom compromisso entre o desempenho e o tamanho do modelo. Isto garante que o modelo pode ser implementado eficazmente num equipamento com recursos limitados.

Capítulo 6

Conclusão geral

Este livro aborda um tema de grande atualidade, nomeadamente a aprendizagem automática incorporada. Começou por discutir os conceitos-chave relacionados com este tema. Assim, o livro incluiu um capítulo sobre a aprendizagem automática, mostrando os seus fundamentos teóricos e explicando o processo de aprendizagem e as suas diferentes fases. O capítulo 3 foi uma oportunidade para explorar o mundo da Internet das Coisas: um conceito intimamente relacionado com o tema principal deste livro.

Em seguida, propomo-nos desenvolver técnicas para comprimir, otimizar e transferir os conhecimentos utilizados no contexto da aprendizagem automática, a fim de reduzir a diferença entre o desempenho exigido pelos modelos de aprendizagem profunda e as capacidades dos objectos ligados. A redução desta diferença permitirá que os modelos de aprendizagem profunda sejam aplicados eficazmente em objectos conectados. Isto leva-nos à aprendizagem automática incorporada.

O capítulo дa detalha a técnica de quantificação e ilustra a sua aplicação em modelos de aprendizagem profunda, através de implementações em Python. Além disso, este mesmo capítulo apresentou a técnica de poda, demonstrando sua viabilidade no contexto de aprendizado de máquina.

O quinto capítulo foi dedicado à destilação do conhecimento: um novo paradigma de transferência de conhecimentos entre um modelo complexo e de elevado desempenho (ou seja, o professor) e um modelo simples e de baixo desempenho (ou seja, o aluno). Esta técnica foi também ilustrada através de uma implementação prática baseada na utilização da biblioteca pytorch.

Bibliográfico

[1] Geoffrey Hinton, Oriol Vinyals, Jeff Dean, et al. Destilando o conhecimento em uma rede neural. No *Workshop de Aprendizagem Profunda e Aprendizagem de Representação do NIPS,* Montreal, Canadá, 2015. Curran Associates, Inc.

[2] YingZhang, Tao Xiang, Timothy M Hospedales e Huchuan Lu. Aprendizagem mútua profunda. Nos *Anais da Conferência do IEEE sobre Visão Computacional e Reconhecimento de Padrões,* Salt Lake City, UT, EUA, 2018. IEEE.

[3] YonglongTian, Dilip Krishnan e Phillip Isola. Destilação de representação contrastiva. Em *Actas da Conferência Internacional sobre Representações de Aprendizagem (ICLR),* Adis Abeba, Etiópia, 2020.

[4] Salma Daoud, AfefMdhaffar, Mohamed Jmaiel e Bernd Freisleben. Q-Rank: Reinforcement Learning for Recommending Algorithms to Predict Drug Sensitivity to Cancer Therapy (Classificação Q: Aprendizagem por Reforço para Algoritmos de Recomendação para Prever a Sensibilidade dos Medicamentos à Terapia do Cancro). *IEEE Journal of Biomedical and Health Informatics,* 24(11), 2020.

[5] Jianping Gou, Baosheng Yu, Stephen J Maybank e Dacheng Tao. Knowledge distillation: A survey. *International Journal of Computer Vision,* 129,2021.

[6] AbirAffes, AfefMdhaffar, ChahnezTriki, Mohamed Jmaiel e Bernd Freisleben. Seleção personalizada de canais EEG baseada na atenção para a previsão de ataques epilépticos. *Expert Systems with Applications,* 206, 2022.

[7] AfefMdhaffar, BechirZalila, Racem Moalla, Ayoub Kharrat, Omar Rebai, Mohamed Me- lek Hsairi, Ahmed Sallemi, Hsouna Kobbi, Amel Kolsi, Dorsaf Chatti, Mohamed Jmaiel e Bernd Freisleben. Uma armadilha inteligente para a contagem de traças da oliveira baseada na Internet das coisas e na aprendizagem profunda. In *Proceedings of the 19th IEEE/ACS International Conference on Computer Systems and Applications (AICCSA)* ,Abu Dhabi, UAE, December2O22. IEEE.

[8] Nurbiya Yadikar, Kurban Ubul, et al. Uma revisão da destilação de conhecimentos na deteção de objectos. *IEEE Access,* 11,2023.

[9] Loth Souifi, AfefMdhaffar, Ismael Bouassida Rodriguez, Mohamed Jmaiel e Bernd Freisleben. InsectDSOT: uma rede neural para a deteção de insectos nas oliveiras. In *15th International Conference on Agents and Artificial Intelligence, (ICAART),* Lisboa, Portugal, fevereiro de 2023. SCITEPRESS.

[10]Emna Guermazi, Afef Mdhaffar, Mohamed Jmaiel e Bernd Freisleben. LIDL4Oliv: Um modelo de aprendizagem profunda incremental leve para classificar doenças da oliveira em imagens. Na *16.ª Conferência Internacional sobre Agentes e Inteligência Artificial, (ICAART),* Roma, Itália, fevereiro de 2024. SCITEPRESS

MIX
Papier aus verantwortungsvollen Quellen
Paper from responsible sources
FSC® C105338

Printed by Books on Demand GmbH, Norderstedt / Germany